CATALOGUE
DES CARTES ET OUVRAGES
GÉOGRAPHIQUES
DE GUILLME DELISLE & PHILPE BUACHE,

Premiers Géographes de l'Académie des Sciences

De ceux des Sieurs

DEZAUCHE, JAILLOT

ET AUTRES AUTEURS,

Lesquels composent le Fonds Géographique

DU Sr DEZAUCHE,

Successeur des Sieurs DELISLE & BUACHE,

Ainsi

Que le Catalogue général des Cartes

DE LA MARINE,

Dont il a seul l'entrepôt général.

Ce Fonds Géographique, le plus considérable & le plus estimé qui existe, comprend les plus grands détails sur toutes les parties du Globe, & par les Auteurs les plus estimés.

A PARIS,

Chez DEZAUCHE, Ingénieur-Géographe, rue des Noyers, près celle des Anglais.

1793.

AVIS.

Les circonſtances où nous nous trouvons, ayant néceſſité l'augmentation conſidérable de tous les objets manufacturés employés dans la confection des Cartes Géographiques ; le prix exceſſif du papier, de la gravure, de l'impreſſion, de l'enluminure, & généralement de tous les objets de main-d'œuvre ; leur augmentation violente & journalière, m'ont empêché, ainſi que j'étois dans l'uſage de le faire, de mettre le prix à chacun des articles portés ſur ce Catalogue. Cette circonſtance eſt d'autant plus déſagréable pour moi, que l'on étoit aſſuré que dans ma maiſon, la plus connue & une des plus eſtimée qu'il y ait, il n'y avoit jamais qu'un ſeul prix, lequel étoit invariable. Il ſuffiſoit de prendre mon Catalogue, pour ſavoir que tel ou tel Ouvrage ne coûteroit abſolument que le prix indiqué : mais je ſuis, ainſi que tout le monde, obligé de céder aux circonſtances.

L'on peut cependant être aſſuré que, chez moi, l'on n'abuſera pas de l'abſence de ces prix ; que tous les articles ne ſeront jamais vendus qu'au prix néceſſité par le cours du jour, & que l'on ne profitera pas des circonſtances déjà trop fâcheuſes où nous ſommes réduits, pour augmenter ridiculement chacun de ces articles, à l'effet de ſe procurer un bénéfice illicite que les circonſtances pourroient cacher.

Les perſonnes qui déſireroient ſavoir le prix du jour pour les articles qu'elles voudroient ſe procurer, peuvent s'adreſſer chez moi ; ces prix leur ſeront donnés exactement & ſans aucune difficulté. Elles pourront y compter, pourvu que leur acquiſition ſe trouve effectuée à-peu-près à la même époque ; car ſi elles tardoient, il pourroit y avoir des changements.

L'on peut être aſſuré que, lorſque tous les objets manufacturés & de main-d'œuvre éprouveront quelques diminutions, il en ſera fait une dans la même progreſſion ſur chacun des articles de ce Catalogue.

CATALOGUE

DES CARTES & OUVRAGES GÉOGRAPHIQUES

Des Srs DELILLE, BUACHE, DEZAUCHE, JAILLOT, *& autres Auteurs*,

Composant le Fonds géographique de J. C. DEZAUCHE, Ingénieur - Géographe,

A PARIS,

Rue des Noyers, près celle des Anglais.

CARTES GÉNÉRALES (*).

MAPPEMONDE, avec les Voyages du Capitaine Cook.
Hémisphère oriental, avec les Voyages du Capitaine Cook.
Hémisphère occidental, *idem.*
Hémisphère septentrional, *idem.*
Hémisphère méridional, *idem.*

Ces deux derniers Hémisphères sont vus des Pôles, & coupés à l'Equateur.

Planisphère Physique, ou division naturelle du Globe, par chaînes de montagnes, & sur lequel sont indiqués les bassins des différentes Mers, relatifs au physique de la Terre.

Mappemonde Historique, Généalogique, Chronologique & Géographique des Etats & Empires du Monde, par Barbeau de la Bruyere, Carte très-estimée, *deux feuilles*, & une Instruction.

Horizon de Paris, ou Projection du Globe sur l'horizon de Paris; à l'effet de connoître sur le champ, par le moyen de son échelle, la distance de Paris aux différents lieux des quatre parties du Monde; la

(*) Lorsque le nombre de feuilles n'est pas désigné, c'est que la Carte n'est qu'en une seule feuille.

différence des temps entre Paris & tous les points de la Carte, lesquels se trouvent marqués par des Méridiens, de 15 en 15 dégrés, ou d'heure en heure, de manière que l'on sait l'heure qu'il est à tel endroit, lorsqu'il est midi à Paris; enfin, plusieurs autres Observations astronomiques relatives à la Géographie, &c. &c. *feuille de grand-aigle*, avec l'Instruction en marge.

Carte du dernier Voyage & des Découvertes du Capitaine Cook, faits en 1776, 1777, 1778 & 1779.

Europe.

Asie.

Afrique.

Amérique.

DÉTAILS DE L'EUROPE.

ROYAUMES, EMPIRES, RÉPUBLIQUES.

Isles Britanniques, ou Angleterre, Ecosse & Irlande.

Couronnes du Nord, ou Suede, Danemarck, Norwege & Laponie, 2 *feuilles*.

Danemarck.

Russie d'Europe ou Moscovie, 2 *feuilles*.

Provinces-Unies des Pays-Bas, ou Hollande.

Hollande, en 12 *feuilles*, très-détaillée.

Zélande, en 9 *feuilles*, très-détaillée.

Pays-Bas Catholiques.

Les dix-sept Provinces-Unies des Pays-Bas.

France divisée par Provinces ou Gouvernemens.

France par Départements.

France Itinéraire, en 4 *feuilles*.

Allemagne.

Allemagne, en 9 *feuilles de grand aigle*, & un Supplément, avec le Tableau d'assemblage, par *Chauchard*.

La Carte générale, du même Auteur, *feuille de grand-aigle*.

Prusse.

Pologne, où sont désignés les démembremens faits en 1773.

Hongrie, Croatie, Transilvanie, *Carte particuliere*.

Hongrie générale & Turquie d'Europe septentrionale.

Grèce, ou Turquie d'Europe méridionale.

La Mer Noire & partie septentrionale de l'Empire Ottoman, partie de la Russie, de la Pologne, de la Hongrie, ou Théâtre de la guerre entre ces Puissances, 2 *feuilles*, très-bien exécutées.

Suisse.

Italie.

Savoie.

Piémont, Montferat, Comté de Nice, 2 *feuilles*.

Piémont, Savoie & Pays voisins, 6 *feuilles*.

République de Gênes.

République de Venise.

Etats de l'Eglise & de Toscane.

Royaume de Naples, 2 *feuilles*.

La Sicile.

L'Isle de Corse.

Espagne & Portugal.

Espagne & Portugal, en 4 *feuilles*, pour servir aux détails de ces Royaumes.

Portugal.

DÉTAILS DES PAYS-BAS.

LA Hollande, ou Provinces-Unies des Pays-Bas.

La Hollande, en 12 *feuilles*, Carte très-détaillée, & sur une grande échelle, donnant les plus grands détails sur toutes les Provinces de cette République; toutes ces feuilles peuvent se réunir, & ne former qu'une seule & même Carte.

La Zélande, en 9 *feuilles*, Carte topographique & très-détaillée, sur une très-grande échelle, donnant les plus grands détails sur cette partie, lesquelles se réunissent en une seule & même Carte.

Les dix-sept Provinces des Pays-Bas, ou Théâtre de la guerre dans cette partie, comprenant la Hollande, les Pays-Bas, le Duché de Luxembourg, l'Evêché de Liège, &c. &c.

Pays-Bas Catholiques.

Carte des Pays-Bas, en 6 *feuilles*, comprenant la Flandre, divisée en Françoise, Autrichienne & Hollandoise; le Brabant, le Pays de Liège, les Comtés de Hainaut & de Namur, le Boullonnois, l'Artois, &c.

Les Pays-Bas, *Atlas in-4, en* 40 *feuilles*, comprenant la Flandre, le Hainaut, le Brabant, partie de la Hollande, de l'Evêché de Liège, &c. *relié en carton*.

La Flandre Françoise, Autrichienne & Hollandoise.

Les Comtés de Hainaut & de Namur

Comté de Namur, Carte topographique, en 12 *feuilles*, levée géométriquement sur les lieux, sur une échelle de cinq pouces à la lieue.

Cours de la Sambre de Namur à Charleroy.

Evêché & Principauté de Liège, avec les Pays qui l'avoisinent, nouvelle Carte très-exacte & très-détaillée, par *Dezauche*.

Duché de Luxembourg, Carte semi-topographique & très-détaillée, en 4 *feuilles*, comprenant aussi le Duché de Bouillon, le Comté de Namur, le Pays entre la Sambre & la Meuse.

Environs de Tournay.

Environs d'Ath.

Environs de Mons.

Bataille de Gemappes.

La même, enluminée, où les différentes Troupes sont désignées.

Environs de Charleroy.

Brabant & Pays voisins, *une feuille & demie.*

Brabant, Carte particulière, *en deux feuilles.*

Brabant, Carte très-détaillée, en 4 *feuilles*, lesquelles se réunissent en une seule & même Carte.

DÉTAILS DE LA FRANCE,

Suivant ses anciennes Divisions.

FRANCE physique, divisée par chaînes de montagnes, bassins de rivières, &c., suivant le systême physique du Monde, de *Philippe Buache.*

France Historique, Chronologique & Géographique, du règne de Henri IV, sur laquelle sont marqués ses batailles, combats, siéges, les Provinces de son patrimoine, &c.

France Ecclésiastique, en 4 *feuilles*, divisée par Archevêchés & Evêchés, avec les Abbayes d'Hommes & de Filles, Prieurés, &c., qui étoient à la nomination du Roi.

France divisée par Parlements, où leurs arrondissements sont désignés.

France divisée par Généralités.

France divisée par Gouvernements ou Provinces.

La Flandre.

Hainaut, Namur & Cambresis.

Artois, Boullonnois & Picardie septentrionale.

Picardie méridionale.

Généralité d'Amiens, 2 *feuilles*.

Cours de la Somme, de Pecquigny à la jonction du canal de Picardie.

Diocèse de Beauvais.

Diocèse de Senlis.

Normandie.

Diocèse de Rouen, Carte topographique & très-détaillée, en 6 *feuilles*.

Diocèse de Lisieux, Carte topographique, en 2 *feuilles*, par *Danville*.

Diocèse de Coutances, en 4 *feuilles*, avec les Isles de Jersey, Grenesey, Cers & Aurigny, & les rochers & écueils qui bordent la côte, &c.

L'Isle de France divisée en ses douze Pays.

Généralité de Paris, 2 *feuilles*.

Prevôté, Vicomté & environs de Paris.

Election de Paris.

Nouveau Plan de Paris.

Le même, divisé par Sections.

Coupe de Paris, du septentrion au midi, servant au nivellement pour la hauteur des puits, & relative au physique de la terre, de *Phil. Buache*.

Champagne, en 2 *feuilles*.

Généralité de Châlons, 2 *feuilles*.

La Lorraine & les trois Evêchés, de Metz, Toul & Verdun, Carte en 2 *feuilles*, très-exacte & très-détaillée, par *Dezauche*.

L'Alsace, 2 *feuilles*.

La Bretagne.

Environs & Evêché de Rennes.

Plan de l'Orient & du Port-Louis.

Maine & Perche.

Anjou & Touraine.

Généralité de Tours, 2 *feuilles*.

Orléannois, Beauce, Gatinois & Sologne.

Généralité d'Orléans.

Poitou & Aunis.

Généralité de Poitiers.

Le Berry.

Généralité de Bourges.

Bourbonnois, Nivernois.

Généralité de Moulins.

La Bourgogne, 2 *feuilles*.

Diocèse de Dijon.

La Franche-Comté, Carte très-détaillée, très-exacte, en 2 *feuilles*, par *Dezauche*.

La Guyenne, première *feuille*, comprenant la Saintonge, l'Angoumois, le Bordelois & Perigord, &c.

La Guyenne, deuxième *feuille*, comprenant le Bearn, Bigore, Armagnac, & les Pays voisins.

Généralité de Bordeaux, 2 *feuilles*.

Généralité d'Auch, 2 *feuilles*.

Diocèse de Cominges.

Le Limosin, la Marche, l'Angoumois, par *Dezauche*.

Généralité de Limoges, *idem*.

L'Auvergne, Carte très-détaillée, *idem*.

Généralité d'Auvergne, *idem*.

Le Lyonnois, Forez, Beaujolois, Bresse & Bugey, Pays de Gex & Principauté de Dombes, *idem*.

Languedoc, nouvelle Carte très-détaillée, dans laquelle se trouve compris le Rouergue, le Quercy, le Roussillon & le Comté de Foix.

Les Généralités de Toulouse & de Montauban, dans lesquelles se trouvent le Rouergue & le Quercy, 4 *feuilles*.

Diocèse de Toulouse.

Diocèse de Castres.

Diocèse de Lavaur.

Diocèse de Montpellier.

Diocèse de Beziers.

Diocèse de Narbonne.

Le Dauphiné.

Diocèse de Grenoble.

Généralité de Grenoble.

La Provence & le Comtat Vénaissin.

La Généralité d'Aix, divisée par Vigueries.

DÉTAILS DE LA FRANCE,

Suivant sa nouvelle Division par Départemens.

CARTE (nouvelle) itinéraire de la France, en 4 *grandes feuilles*, très-exacte & très-bien exécutée, donnant toutes les routes de postes, lieux de relais, les routes des Messageries, & autres grandes routes, divisée en ses Départements & Districts, dans laquelle sont désignés les chefs-lieux de Département, de Districts & de Cantons, le Siège des Tribunaux, les Métropoles, Evêchés, &c., dressée sur les dernières Observations astronomiques de l'Académie des Sciences, par *Dezauche*.

France divisée par Départemens, construite sur la même échelle que celle de *Guil. Delille*, pour faciliter plus aisément la comparaison de l'état ancien de cet Empire avec son état présent; les chefs-lieux de Départemens & de Districts y sont désignés, par *Dezauche*.

France, suivant sa nouvelle division Ecclésiastique, en Métropoles & les Evêchés suffragans, divisée aussi par Départemens.

Divisions des Provinces de France en Départemens.

PROVINCES.	DÉPARTEMENS.
La Flandre & le Hainaut......	Du Nord.
Artois & Picardie.........	Du Pas de Calais. De la Somme.
La Normandie............	De la Seine inférieure. De l'Eure. Du Calvados. De la Manche. De l'Orne.
Isle de France............	De l'Oise. De Seine & Oise. De Seine & Marne. D'Eure & Loire. De Paris.
Environs de Paris.........	De Paris divisé par cantons. De Paris divisé par Tribunaux.
La Champagne, 2 *feuilles*...	Des Ardennes. De l'Aisne. De la Marne. De l'Aube. De l'Yonne. De la Haute-Marne.
La Lorraine, 2 *feuilles*.....	De la Mozellle. De la Meuse. De la Meurthe. Des Vosges.
L'Alsace, 2 *feuilles*.........	Du Haut-Rhin. Du Bas-Rhin.

La Bretagne..............	Du Finistere.
	Des côtes du Nord.
	Du Morbihan.
	De l'Isle & Vilaine.
	De la Loire inférieure.
Le Maine & Perche........	De la Mayenne.
	De la Sarthe.
Anjou & Touraine........	De Mayenne & Loire.
	D'Indre & Loire.
L'Orléanois.............	Du Loir & Cher.
	Du Loiret.
La Bourgogne, 2 *feuilles*....	De la Côte d'Or.
	De Saône & Loire.
La Franche-Comté, 2 *feuilles*.	De la Haute-Saône.
	Du Doubs.
	Du Jura.
Le Poitou...............	De la Vendée.
	Des deux Sevres.
	De la Vienne. inférieure.
	De la Charente
Le Berry................	De l'Indre.
	Du Cher.
Le Bourbonnois & Nivernois.	De la Nievre.
	De l'Allier.
Le Lyonnois.............	De Rhône & Loire.
	De l'Ain.
La Guyenne & Gascogne, 2 *feuilles*.	De la Charente inférieure. (partie de)
	De la Charente.
	De la Gironde.
	De Lot & Garonne.
	De la Dordogne.
	Des Landes.
	Du Gers.
	Des Basses-Pyrenées.
	Des Hautes-Pyrenées.
Le Limosin, la Marche & Angoumois.	De la Creuse.
	De la Haute-Vienne.
	De la Charente.
	De la Gorèze.
L'Auvergne..............	Du Puy de Dôme.
	Du Cantal.

Le Languedoc, 2 *feuilles*.... {
De la Haute-Garonne.
De l'Arriege.
Des Pyrenées orientales.
De l'Aude.
Du Tarn.
De l'Herault.
Du Gard.
De l'Aveiron.
Du Lot.
De la Lozere.
De l'Ardèche.
De la Haute-Loire.

Le Dauphiné............ {
De l'Isere.
De la Drome.
Des Hautes-Alpes.

La Provence............. {
Des Bouches du Rhône.
Du Var.
Des Hautes-Alpes.
De Vaucluse.

L'Isle de Corse............ De la Corse.

La Savoie................ Du Mont-Blanc.

Du Mont-Terrible.

DÉTAILS DE L'ALLEMAGNE.

Collection la plus complette qu'il y ait sur cette partie.

GRANDE Carte d'Allemagne, en 9 *feuilles & demie*, y compris le Supplément; plus, un Tableau d'assemblage, par *Chauchard*, Ingénieur-Militaire. Carte très-exacte & très-estimée, la meilleure qui existe, même en Allemagne, & de la plus belle exécution.

Carte générale de l'Allemagne, en *une feuille de grand-aigle*, annexée à celle ci dessus, par *Chauchard*.

L'Allemagne, Carte générale, *une feuille*.

Cercle de Westphalie.

Ostfrise, ou Comté d'Embden.

Basse partie de l'Evêché de Munster, & le Comté de Benthem.

Haute partie de l Evêché de Munster.

Les Duchés de Cleves, de Juliers, de Limbourg, le Comté de

Meurs, le Quartier de Ruremonde, le Duché de Gueldres, l'Archevêché & Electorat de Cologne, Carte très-détaillée, en 2 *feuilles.*

Le Duché de Cleves, la Seigneurie de Ravenstein, & le Comté de Meurs.

Le Duché de Juliers.

L'Archevêché & Electorat de Cologne.

Le Comté de la Marck.

Le Duché de Berg & le momté de Homberg, &c.

mercle Electoral du Rhin.

Cours du Rhin, en 3 *feuilles*, par *Delisle* : 1°. de Basle à Strasbourg ; 2°. de Strasbourg à Worms ; 3°. de Worms à Bonn. Cette Carte, très-détaillée & très-estimée, donne les détails de tous les Pays tant à l'est qu'à l'ouest du Rhin.

Basse partie du Cercle du Haut-Rhin.

Les quatre Electeurs, ou les Archevêchés & Electorats de Mayence & de Treves, le Palatinat & Electorat du Rhin, le Duché de Wirtemberg, &c. en 4 *feuilles*, lesquelles se réunissent.

Partie orientale de l'Archevêché de Treves.

Partie occidentale de l'Archevêché de Treves.

Partie orientale de l'Archevêché & Electorat de Mayence.

Partie occidentale de l'Archevêché & Electorat de Mayence.

Partie orientale du Palatinat & Electorat du Rhin, les Evêchés de Spire, de Worms, & le Comté de Linange.

Partie occidentale du Palatinat & Electorat du Rhin, le Duché de Simmeren, le Comté de Spanheim, &c.

Carte très-détaillée des Pays situés entre le Rhin, la Saare, la Mozelle & la Basse-Alsace, contenant partie du Palatinat & Electorat de Mayence & de Treves, les Duchés de Spire & de Worms, les Duchés de Deux-Ponts & de Simmeren, &c. en 6 *feuilles.*

Cercle de Haute-Saxe, comprenant l'Electorat de Saxe, le Marquisat de Misnie & de Lusace, le Landgraviat de Thuringe, &c.

Cercle de ~~Haute~~ Basse Saxe.

Marquisat & Electorat de Brandebourg, partie du Cercle de Haute-Saxe.

Duché de Poméranie, partie du Cercle de Haute-Saxe.

Cercle de Franconie.

Cercle de Souabe.

La Souabe, en 2 *feuilles*, par *Delisle.*

Cercle d'Autriche, première partie, divisée en Haute & Basse.

Cercle d'Autriche, deuxième partie, comprenant les Duchés de Stirie, Carinthie & Carniole.

Cours du Danube, de sa source à son embouchure, en 3 *feuilles*, par le P. *Placide.*

Cercle de Baviere

La Bohême, Siléſie, Moravie, Luſace & la Miſnie.
Le Comté de Tirol, les Evêchés de Trente & de Brixen.
La Suiſſe.
La Principauté de Neufchâtel & de Valangin.
Le Lac & la République de Genève & Pays voiſins.

DÉTAILS DE L'ITALIE.

Collection très-détaillée sur cette partie.

PARTIE ſeptentrionale de l'Italie, en 4 *feuilles de grand-aigle*, par *Chauchard*, comprenant la Savoie, le Piémont, le Duché de Milan, les Républiques de Veniſe & de Gênes, les Etats de Parme, les Duchés de Mantoue, de Modene, de Plaiſance, &c.; partie des Etats de l'Egliſe & de Toſcane, &c.

L'Italie, une *feuille*.

La Savoie, par le P. *Placide*.

Le Piémont & Montferat, le Comté de Nice, &c., par *Deliſle*, 2 *feuilles*.

La Savoie & le Piémont, avec les Provinces de France limitrophes, Carte très-détaillée & très-eſtimée, en 6 *feuilles*, leſquelles ſe réuniſſent.

Atlas de la Lombardie, ou Carte du théâtre de la guerre en Italie, comprenant le Piémont, la République de Gênes, le Comté de Nice, partie de la Savoie, *in*-4. de 24 *feuilles*, leſquelles peuvent auſſi ſe réunir, & ne former qu'une ſeule & même Carte.

Le cours du Pô, par le P. *Placide*, Carte très-eſtimée, en 5 *feuilles*.

Le Duché de Milan.

La République de Gênes.

Les Duchés de Mantoue, de la Mirandole, les Provinces du Vicentin, du Padouan, de Poleſine, de Rovigo, du Dogado, &c.

La République de Veniſe, les Evêchés de Trente & de Brixen.

Les Etats de l'Egliſe & de Toſcane.

Le Royaume de Naples, en 2 *feuilles*.

La Sicile.

L'Iſle de Corſe.

DÉTAILS DE L'ESPAGNE.

L'Espagne & le Portugal.

L'Espagne & le Portugal, en 4 *feuilles*, pour servir aux détails de ce Royaume.

La Catalogne & le Roussillon, par le P. *Placide*, Carte estimée.

Le Portugal, par le P. *Placide*.

Plan du Port Mahon & du Fort Saint-Philippe, avec les campemens & les différentes attaques des Troupes Françoises, sous les ordres de M. de Crillon.

ASIE.

L'Asie.

La Tartarie.

La Turquie, l'Arabie & la Perse, comprenant tout l'Empire Ottoman.

La Mer Caspienne & les Pays voisins, comprenant la Georgie, la Circassie, &c.

La Mer Caspienne, Carte particulière de cette Mer, 2 *feuilles*, dressée d'après les Plans levés sur les lieux, & sur les Mémoires du Czar, par *Delisle*.

La Perse, Carte très-exacte, très-estimée, &c.

Les Indes & Chine, & Isles d'Asie, telles que Sumatra, Java, Bornéo, Celèbes, les Moluques, les Philippines, &c. une *feuille & demie*.

Le Royaume de Siam.

La presqu'Isle de l'Inde, ou Côtes de Malabar & de Coromandel.

L'Isle Ceylan.

Carte générale de la Chine, de la Tartarie Chinoise & du Tibet, par *Danville*.

Carte particulière de la Chine, par *Danville*.

Carte générale de la Tartarie Chinoise, de la Corée & du Japon, par *Danville*.

Carte générale du Tibet, par *Danville*.

Carte du Royaume de Corée, par *Danville*.

Carte des nouvelles Découvertes au nord-est de l'Asie & nord-ouest de l'Amérique, par *Delisle* & *Philippe Buache*.

Le Mémoire pour la Carte ci-dessus.

AFRIQUE.

L'AFRIQUE.

La Barbarie, Nigritie & Guinée.

Le Sénégal, ou l'Afrique Françoise.

L'Ethiopie occidentale, située sur l'Océan.

Carte particulière du Royaume de Congo.

Carte particulière des Royaumes d'Angola, de Matamba & de Benguela.

L'Egypte, Nubie, Ethiopie & Abyssinie.

L'Ethiopie orientale, située sur la Mer des Indes.

Le Congo, les Pays des Cafres & des Hottentots, avec l'Isle de Madagascar.

AMÉRIQUE.

L'AMÉRIQUE.

Le Canada ou Nouvelle-France, & partie septentrionale des Etats-Unis.

Le Mexique, la Floride, & partie méridionale des Etats-Unis.

La Louisiane & le Cours du Mississipi.

Le Mexique, par Dom *Alzate*, Ingénieur Espagnol, en espagnol.

Le Golfe du Mexique & les Isles Antilles, une *feuille & demie*.

Les Antilles Françoises.

L'Isle Saint-Domingue.

La Martinique.

La Dominique.

La Terre ferme, Perou & Bresil.

L'Océan vers l'Equateur, avec l'Isle de Norronha.

La Guyane Françoise.

Carte particulière de l'Isle Cayenne.

Plan du Port & de l'Isle de Sainte-Catherine, situés à la côte du Bresil.

Le Pérou, d'après les Observations astronomiques de *la Condamine*, *Godin* & *Bouguer*, &c.

Plan de la Baye & du Port de Rio-Janeiro, d'après le P. *Capassi*.

Le Paraguay, le Chili, les Terres Magellaniques & le Détroit de Magellan.

Les Isles Malouines ou Falkland.

GÉOGRAPHIE ANCIENNE.

ORBIS veteribus noti tabula nova, ou le Monde connu des Anciens.

Theatrum Historicum, vel Imperium Romanum, pars orientalis & occidentalis, 2 *feuilles.*

Græcia Septentrionalis.

Græcia meridionalis.

Empire & Conquêtes d'Alexandre, une *feuille & demie.*

Idem, *in-4.*

Retraite des Dix Milles.

Idem, *in-4.*

Asia Minor.

Italia Antiqua.

Regionum Italiæ mediarum tabula, ou environs de Rome.

Sicilia Antiqua.

Gallia Antiqua.

Armoricæ veteris Descriptio.

Hispania Antiqua.

Germania Antiqua.

Carte générale de l'Histoire Sainte pour les premiers âges du Monde.

La Terre Sainte divisée par Tribus.

Idem, *in-4.*

Africa Ecclesiastica, & pour suivre l'Histoire de Carthage.

Orbis Romani Descriptio, vel divisio per themata sub Imperatoribus Constantinopolis.

Imperii Orientalis & circum jacentium & urbium coloniâ Romanâ insignium, Tabula Geographica.

Tabula Delphinatûs, ou Dauphiné ancien.

Civitas Leucorum, ou Diocèse de Toul.

ORIENS VETUS, ou Carte de la Géographie ancienne des Pays situés entre le Pont Euxin & la Mer Noire, comprenant aussi la Mésopotamie, la Babilonie, la Perse, la Médie, la Carmanie, les Parthes, la Bactrianne, la Scythie, les Pays en-deçà & au-delà du Gange, l'Inde, &c. &c. Carte en 4 *feuilles*, de la plus belle exécution.

CARTES PARTICULIERES,

Ou Cartes Militaires & très-détaillées, en plusieurs feuilles, donnant de très-grands détails sur différentes parties de l'Europe.

GRANDE Carte Géographique & Militaire de l'Allemagne, en 9 *feuilles de grand-aigle*, avec une feuille de Supplément pour les Pays-Bas, dressée d'après les matériaux les plus précieux & les plus authentiques,

authentiques, & assujettie aux Observations astronomiques des Académies des Sciences de Paris, Berlin, Copenhague, &c. par M. *Chauchard*, Capitaine d'Infanterie, & Ingénieur-Militaire. Le mérite & l'exactitude de cette Carte, sont si bien reconnus, qu'en Allemagne même on en fait le plus grand cas. L'on peut assurer, sans craindre de se tromper, que c'est la meilleure & la plus exacte qui existe pour le détail de cet Empire : elle est en outre de la plus belle exécution.

Carte générale de l'Allemagne, ci-dessus, sur une *feuille de grand-aigle*, par le même Auteur.

Grande Carte de la partie septentrionale de l'Italie, en 4 *feuilles de grand-aigle*, dressée d'après les matériaux les plus authentiques, & d'après les Observations astronomiques les plus récentes, par Mr. *Chauchard*, Capitaine d'Infanterie, Ingénieur-Militaire, &c. Cette Carte est le complément de la grande Carte d'Allemagne ci-dessus, elle a été publiée le premier Juillet 1791.

Cette Carte & celle de l'Allemagne, en 9 *feuilles*, dont elle est le complément, sur la même échelle, comprennent ensemble tout le systême militaire des Pays-Bas, de l'Allemagne, de la Suisse, de l'Italie & de la France, en suivant les frontieres, depuis Dunkerque sur l'Océan, jusqu'à Nice sur la Méditerranée. Cette derniere comprend la Savoie, le Piémont & Montferat, partie de la Suisse, dont l'autre partie se trouve dans la Carte d'Allemagne; le Duché de Milan, partie du Tirol, les Républiques de Gênes & de Venise, la Stirie, Carinthie, Carniole, l'Istrie, les Etats de Parme, les Duchés de Mantoue, de Modène, de Plaisance, &c.; partie des Etats de l'Eglise & de Toscane, &c. &c.

Grande Carte, en 4 *feuilles*, des quatre Electeurs, ou les Archevêchés & Electorats de Mayence & de Trèves, le Palatinat & Electorat du Rhin, le Duché de Wirtemberg, &c. Carte très-détaillée, dont les feuilles se réunissent en une seule & même Carte.

Carte des Duchés de Clèves, de Juliers, de Limbourg, le Comté de Meurs, le Quartier de Ruremonde, l'Archevêché & Electorat de Cologne, &c. Carte très-détaillée, en 2 *feuilles*.

Carte du cours du Rhin, en 3 *feuilles*, par *Delisle*, donnant dans un grand détail tous les Pays situés de droite & de gauche sur les rives de ce fleuve, depuis Basle jusqu'à Bonn, divisée en trois parties; savoir, 1°. de Basle à Strasbourg; 2° de Strasbourg à Worms; 3°. de Worms à Bonn. Ces trois feuilles se réunissent, & forment une belle Carte du cours de ce fleuve dans cette partie, laquelle est très-estimée.

Carte très-détaillée des Pays situés entre le Rhin, la Saare, la Mozelle & la Basse-Alsace, contenant partie du Palatinat & Electorat de Mayence & de Trèves, les Evêchés de Worms & de Spire, les

Duchés de Deux-Ponts & de Simmeren, &c. en 6 *feuilles*, qui se réunissent.

Duché de Luxembourg, Carte semi-topographique, en 4 *feuilles*, comprenant aussi le Duché de Bouillon, le Comté de Namur, le Pays entre la Sambre & la Meuse, &c. Ces 4 feuilles se réunissent en une seule & même Carte.

Carte des Pays-Bas, contenant la Flandre divisée en Françoise, Autrichienne & Hollandoise, le Brabant, le Pays de Liege, les Comtés de Hainaut & de Namur, le Boullonnois, l'Artois, &c., en 6 *feuilles*, qui se réunissent.

Carte particulière & très-détaillée du Brabant, en 4 *feuilles*, sur une très-grande échelle, lesquelles se réunissent en une seule & même Carte.

Grande Carte particulière & très-détaillée de la Hollande, en 12 *feuilles*, sur une très-grande échelle, laquelle donne les plus grands détails sur toutes les parties de cette République. Toutes ces feuilles peuvent se réunir, & ne former qu'une seule & même Carte.

La Zélande, en 9 *feuilles*, Carte topographique & très-détaillée, sur une très-grande échelle, donnant les plus grands détails sur cette partie, lesquelles feuilles se réunissent en une seule & même Carte.

Grande Carte de la Mer Noire, ou théâtre de la guerre entre les Turcs, les Russes & l'Empereur, comprenant la Mer Noire, une très-grande partie de l'Empire Ottoman, partie de la Russie & de la Pologne, le cours du Danube, depuis Vienne, jusqu'à son embouchure dans la Mer Noire; nouvelle Carte, en 2 *feuilles*, très-bien exécutée.

Carte de la Krimée, ou Gouvernement de Tauride, nouvelle Carte, comprenant la Krimée & les Pays voisins, depuis Oczakow jusqu'aux extrémités de la Mer d'Azow, pour servir au théâtre de la guerre entre les Turcs & les Russes. Cette Carte, très-exacte & très-détaillée, a été dressée par le sieur *Dezauche*, d'après la Carte manuscrite faite sur les lieux pour le voyage de l'Impératrice de Russie, dans cette partie.

Théâtre de la guerre entre les Suédois & les Russes, ou Carte des Couronnes du Nord, comprenant le Danemarck, la Suede, la Laponie, la Norvege, la Finlande, la Livonie, &c., revue & augmentée pour la guerre entre ces deux Empires, 2 *feuilles* réunies.

Nouvelle Carte itinéraire de la France, en 4 grandes *feuilles*, donnant toutes les routes de Postes, les lieux de relais, les routes des Messageries & autres grandes routes, divisée par Départements & Districts, dans laquelle sont désignés les chefs lieux de Départements, de Districts & de Cantons, les sieges des Tribunaux, les Métropoles & Evêchés, dressée sur les dernieres Observations astronomiques de l'Académie des Sciences, par *Dezauche*. Ces 4 feuilles se réunissent,

& ne forment qu'une seule & même Carte, qui est de la plus belle exécution.

Carte Topographique & très-détaillée du Diocèse de Coutances, en 4 *feuilles*, avec les Isles de Jersey, Grenesey, Cers, Aurigny, & les rochers & écueils qui bordent cette côte, la figure & l'emplacement du nouveau Port de Cherbourg, &c.

Carte levée sur les lieux, du plan de la Rade & du Port de Cherbourg, de ses Digues, la construction de ses Forts, & la vue perspective des cônes & des travaux de constructions, en deux grandes *feuilles* réunies.

Grande Carte des Etats de Piémont & de Savoie, comprenant le Piémont & Montferat, le Comté de Nice, la Savoie, & les Provinces de France limitrophes, telles que la Bresse, le Bugey, le Pays de Gex, la Principauté de Dombes, la République de Genêve, le Dauphiné, la Provence, le Comtat Venaissin, &c. Excellente Carte pour les opérations militaires dans cette partie, en 6 *feuilles*, lesquelles se réunissent.

Grande Carte de la Lombardie, en 24 petites feuilles *in*-4. qui se réunissent en une seule & même Carte, ou en 4 *feuilles* d'Atlas ordinaire. Cette Carte comprend la République de Gênes, le Duché de Milan, le Piémont & Montferat, le Comté de Nice, partie de la Savoie, &c.

COURS DE RIVIERES ET CANAUX.

Cours du Rhin, en 3 *feuilles*, par *Delisle*, depuis Basle jusqu'à Bonn, contenant dans un grand détail tous les Pays situés de droite & de gauche, sur les rives de ce fleuve; savoir, la Haute & Basse-Alsace, le Brisgaw, les Montagnes & Forêt noire, le Palatinat du Rhin, partie de l'Electorat de Mayence & de Trèves, les villes de Francfort, Coblentz, Mayence, Worms, Manheim, Deux-Ponts, Philisbourg, Strasbourg, Vieux & Neuf-Brisac, Basle, &c. Carte très-estimée, dont les feuilles se réunissent.

Cours du Danube, de sa source dans la Souabe, jusqu'à son embouchure dans la Mer Noire, par le P. *Placide*. Cette Carte comprend la Souabe, la Suisse, le Piémont, les Duchés de Milan, de Parme, de Mantoue, de Modène, le Tirol, la Baviere, la Carinthie, Stirie & Carniole, la Croatie, la Bosnie, la Dalmatie, l'Autriche, l'Esclavonie, la Hongrie, la Transilvanie, la Valaquie, la Servie, la Moldavie, la Bulgarie, partie de la Mer Noire, &c. Cette Carte est en 3 *feuilles*, qui se réunissent

Cours du Pô, de sa source en Piémont, jusqu'à son embouchure dans le Golfe de Venise, ou Mer Adriatique, par le P. *Placide*. Carte très-estimée & très-détaillée, qui comprend partie du Piémont, où se trouve Turin, du Montferat, du Duché de Milan, le Lodesan, le Crémonois, les Etats de Parme, les Duchés de Mantoue & de Modene, le Polésine de Rovigo, le Duché de Ferare, &c. Carte en 5 *feuilles*, qui se réunissent.

Cours de la Sambre, de Namur à Charleroy.

Cours de la Somme, de Pequigny à la jonction du canal de Picardie.

Carte générale du canal de communication des rivieres de Somme & d'Oise.

Carte particuliere du projet du canal de jonction des rivieres de Somme & d'Oise.

Carte particuliere & originale du canal de Languedoc, levée & exécutée par ordre & aux frais des ci-devant Etats de cette Province, en 1771, composée de 23 *feuilles de grand-aigle*, dont une pour le frontispice, représentant la salle des Etats. La Carte générale, en 3 *feuilles*; la Carte particuliere, en 15 *feuilles*; & la Carte des rigolles, en 4 *feuilles*. Cette Carte, une des plus intéressantes, des plus belles & des mieux exécutées qui ait paru jusqu'à ce jour, est sur une très-grande échelle, & de la topographie la plus détaillée & la plus exacte. Cet exemplaire, aussi complet, est très-rare.

Atlas & description du canal de Languedoc, ou Architecture hydraulique du canal des deux Mers, composé de la Carte générale du canal & de ses environs, des plans & élévations des aqueducs, écluses, bassins, voûtes, réservoirs, &c., avec leur description; par *la Roche*, Ingénieur des Ponts & Chaussées; *relié en carton.*

La Carte générale du canal se vend séparément.

PLANS DE VILLES,

Plans de Batailles & Plans particuliers.

NOUVEAU Plan géométral, très-exact, de la ville de Metz, dressé avec la plus grande exactitude, donnant tous les détails topographiques de l'intérieur de la Ville & des environs, par M. *D****, *feuille de grand-aigle.*

Le même, *lavé en plein.*

Plan de l'Orient & du Port-Louis, avec leurs environs, le sillage des vaisseaux pour l'entrée & sortie du Port, les rades, bancs de sables & écueils qui s'y rencontrent.

Le même, *lavé en plein.*

Grand Plan de la ville de Toulouse & de ses environs, augmenté des derniers changemens & augmentations faites dans cette Ville, *feuille de grand-aigle.*

Le même, *lavé en plein.*

Plan de la bataille de Goudelour, dans l'Inde, gagnée le 13 Juin 1783, par M. de Bussy, sur l'armée Angloise, sur la côte de Coromandel, près Pondicheri.

Plan de la fameuse bataille de Gemappes, gagnée par les François sur les Autrichiens, le 6 Novembre 1792.

Plan du Port Mahon & du Fort Saint-Philippe, avec les campemens & attaques faites sous les ordres de M. de Crillon.

Nouveau Plan, très-exact, de la Rade & du Port de Cherbourg, avec ses environs, & ses Digues, pour en opérer la fermeture; la construction des Forts & Batteries qui en défendent l'entrée, la vue perspective des cônes & des travaux de constructions, levé géométriquement & dans le plus grand détail topographique.

CARTES DE DANVILLE,

Lesquelles appartiennent & ne se trouvent que chez le sieur Dezauche.

CARTE générale de la Chine, de la Tartarie Chinoise, & du Tibet.

Carte particuliere de la Tartarie Chinoise & du Japon.

Carte particuliere de la Chine.

Carte particuliere du Tibet.

Carte particuliere de la Corée.

Ethiopie orientale, située sur la Mer des Indes.

Ethiopie occidentale, située sur l'Océan.

Carte particuliere du Royaume de Congo, & de ce qui précede, depuis le Cap Lopo.

Carte particuliere du Royaume d'Angola, de Matemba & de Benguela.

Carte du Golfe du Mexique & des Antilles.

Isthme de Panama.

Carte de la Guyane Françoise.

Carte particuliere de l'Isle Cayenne.

Carte du Royaume d'Arragon en Espagne, 2 *feuilles.*

Atlas de la Lombardie, ou Carte du théâtre de la guerre en Italie; comprenant le Piémont, la République de Gênes, partie de la Savoie, &c. *in*-4. de 24 *feuilles*, qui peuvent se réunir en une seule & même Carte.

Grand Atlas de la Chine, par *Danville* & les Missionnaires, composé de 64 Cartes, Plans & Estampes historiques, *rel. en carton.* Voyez ci-après pour le détail de cet Atlas.

Patriarchat d'Antioche.

Patriarchat de Jerusalem.

Patriarchat d'Alexandrie.

Patriarchat de Constantinople.

CARTES IN-QUARTO,

Sur différentes parties du globe.

Côtes méridionales de Terre-Neuve, avec l'Isle Royale, 2 *feuilles*.

Ports de Plaisance, d'Annapolis Royal & de Boston.

Ports de New-Yorck, de Perthamboy, de Charles-Town, avec l'Isle de la Bermude.

Ports de Saint-Augustin, de la Providence, de la Havanne, de Saint-Yago, de Kingston, d'Antonio, &c.

Isle de la Jamaïque.

Isle d'Antigoa.

Isle de la Grenade, & Plan du Fort Royal.

Port du cul-de-sac Royal de Carthagène, Porto-Bello, & Isle de la Barbade.

Le Perou, en 2 *feuilles*, d'après les Observations astronomiques de MM. de la Condamine, Godin, Bouger, &c.

Isle Sainte-Catherine à la côte du Bresil.

Isle Grande, située à la côte du Bresil.

Détroit de Magellan.

La Terre de Feu & la Baye de S. François.

Route de Paris à Rome.

Plan de la Rade & du Port de Livourne.

Carte des mouillages de l'Isle Taulare & du Cap Figuarez, au nord de l'Isle de Sardaigne.

ATLAS UNIVERSELS ET PARTICULIERS,

Sur toutes les parties du globe.

GRAND Atlas géographique & universel, contenant les plus grands détails sur la *Géographie ancienne & moderne*, par *Guillaume Delisle* & *Philippe Buache*, premiers Géographes de l'Académie des Sciences; nouvelle édition, revue, corrigée & augmentée de beaucoup de Cartes nouvelles, par *Dezauche*.

Cet Atlas, qui contient 158 Cartes, grand *in-fol.* est le plus complet qui ait encore été publié. L'Europe, la France, l'Allemagne, l'Italie, les Pays-Bas, s'y trouvent dans le plus grand détail, de manière à donner tous ceux nécessaires aux opérations militaires & politiques. La France y est détaillée suivant sa nouvelle division par Départemens, en conservant cependant son ancienne division par Provinces, de manière que ces deux divisions marchent ensemble, ce qui facilite davantage la connoissance de la nouvelle division, comparée à l'ancienne, en donnant, au seul apperçu, la position de tel Département dans telle Province. L'Asie, l'Afrique, l'Amérique, y sont aussi détaillées de la manière la plus satisfaisante. Il comprend en outre un cours complet de Géographie ancienne, tant sacrée que profane. Cet Atlas est un véritable ouvrage de Bibliothèque, propre à être consulté dans tous les cas, soit pour la guerre, soit pour la politique, pour l'Histoire, ou pour l'instruction. Il forme deux gros volumes très-grand *in-fol. reliés.*

Nouvel Atlas géographique & universel, comprenant toute la Géographie ancienne & moderne dans le plus grand détail, en Cartes collées sur toile, & pliées chacune dans leur étui, formant une très-belle collection, la plus complette qui existe, tant pour suivre les opérations militaires, que pour la politique & pour lire l'Histoire; formant en outre une superbe collection pour les Bibliothèques, & d'autant plus commode pour voyager, que l'on peut en tirer seulement les Cartes dont on a besoin pour les pays que l'on a à parcourir.

Chaque Carte se vend séparément avec son étui, pour la commodité de ceux qui ne veulent pas prendre l'Atlas complet; l'on en distribue le Catalogue aux personnes qui désirent en prendre connoissance.

Atlas pour l'étude de la Géographie ancienne, contenant toutes les

Cartes nécessaires pour étudier cette partie de la Géographie, & pour lire & suivre généralement tous les Auteurs anciens, grand *in-fol. relié en carton, demi-reliure.*

Atlas pour l'étude, fait pour les Géographies élémentaires de MM. *Buache & Nicolle de la Croix*, Ouvrage fait particulièrement pour les Instituteurs & pour l'enseignement de la Géographie, grand *in-fol. relié en carton, demi-reliure.*

Atlas de la France, contenant tous les détails de cet Empire, suivant sa division par Provinces, grand *in-fol. relié en carton, demi-reliure.*

Atlas de la France divisé par Départemens, avec les anciennes divisions des Provinces, ce qui facilite la comparaison de l'état ancien avec l'état présent de cet Empire, & le rapprochement plus facile à faire de la position & de l'étendue des Départemens dans chacune des Provinces qui les contiennent, grand *in-fol. relié en carton, demi-reliure.*

Atlas de la Géographie physique, ou division naturelle du globe par les chaînes de montagnes, où sont désignés les bassins des différentes Mers, les plateaux, & généralement tout ce qui constitue la charpente du globe, avec des Tables analitiques qui y sont jointes, par *Philippe Buache*, vol. *in-fol. relié.*

Atlas de la Géographie physique, politique & mathématique des Etats & Royaumes de l'Europe, ou nouvelle manière de considérer la Terre par la disposition naturelle de ses parties, par les différents peuples qui l'habitent, & par sa correspondance avec le Ciel, *vol. in-4. relié.*

Atlas des considérations géographiques & physiques, sur les nouvelles Découvertes au nord-est de l'Asie & nord-ouest de l'Amérique, *par Philippe Buache*, vol. *in-fol. relié*, & les Mémoires relatifs, *brochés.*

Atlas topographique & très-détaillé des Pays-Bas François, Autrichiens, Hollandois, &c., contenant la Flandre, le Hainaut, le Brabant, partie de la Hollande, de la Principauté de Liege, &c. &c. *in-4.* de 40 Cartes, *broc.*

Atlas de la Lombardie, ou Carte du théâtre de la guerre en Italie, comprenant le Piémont, la République de Gênes, le Comté de Nice, partie de la Savoie, &c. *in-4.* de 24 *feuilles reliées.*

Le même, en 4 *feuilles* d'Atlas, *in-fol*, ou en une seule Carte, composée des 24 *feuilles* réunies.

Atlas & description historique des Campagnes du Maréchal de Maillebois, par M. *de Pezai*, 3 *vol. in-4. broc.* avec un superbe Atlas de 84 Cartes, tant Géographiques que Topographiques, plans de Batailles, campemens, marche de Troupes, &c. *relié en carton, demi-reliure.*

Atlas & description du canal de Languedoc, ou Architecture hydraulique du canal des deux Mers, composé de la Carte générale du canal & de ses environs, des plans & élévations des aqueducs, écluses, bassins, voûtes, réservoirs, &c. avec leur description, par M. *de la Roche*, ancien Ingénieur des Ponts & Chaussées, *relié*.

La Carte générale du canal se vend séparément.

Atlas historique & chronologique du règne de Henri IV, depuis 1589 jusqu'en 1610, précédé du portrait, mœurs & caractère de Henri IV, de sa généalogie & de sa postérité, avec des Cartes Géographiques combinées respectivement à l'objet, *demi-reliure*.

Cartes dudit Atlas qui se vendent séparément.

Carte Géographique du règne de Henri IV, ou tableau général des principaux événemens de son règne.

Carte de France historique, chronologique & géographique du règne de Henri IV, où sont marqués ses batailles, combats, sièges, les Provinces de son patrimoine, &c.

Atlas général & détaillé de la Chine, de la Tartarie Chinoise & du Tibet, pour servir à la description géographique & à l'Histoire de cet Empire, par M. *Danville*, Géographe de l'Académie des Sciences & Belles-Lettres. Cet Atlas contient 64 Cartes & Planches particulières, donnant les plus grands détails sur ces trois parties. (*Voyez* le Catalogue suivant.) Grand *in-fol. relié*.

Nota. Ceux qui désireroient avoir encore des Atlas plus étendus et plus détaillés, pourroient en faire la demande, on en formeroit en 4, 5 et 6 *volumes*, enfin en autant de *volumes* qu'on le désireroit.

CATALOGUE DE CARTES ET PLANCHES

Qui composent le grand Atlas de la Chine, de la Tartarie Chinoise & du Tibet, par M. Danville.

L'on en vendra les feuilles séparées pour la commodité de ceux qui ne voudront pas se procurer l'Atlas entier.

Catalogue des Cartes qui composent l'Atlas de la Chine.

1 CARTE générale de la Tartarie Chinoise & du Tibet.
2 Carte générale de la Chine.

Subdivision de la Chine.

3 Province de Pe-tche-li.
4 Villes de la province de Pe-tche-li.
5 Province de Kiang-nan.
6 Villes de la province de Kiang-nan.
7 Province de Kiang-si
8 Province de Fo-kien.
9 Province de Tche-kiang.
10 Villes de la province de Tche-kiang.
11 Province de Hou-Quang.
12 Villes de la province de Hou-Quang.
13 Province de Ho-nan.
14 Province de Chan-tong.
15 Province de Chan-si.
16 Province de Chen-si.
17 Villes de la province de Chen-si.
18 Province de Se-tchuen.
19 Province de Quan-tong ou Canton.
20 Carte marine de l'entrée & du port de Canton & Macao.
21 Province de Quang-si.
22 Province d'Yun-nan.
23 Villes de la province d'Yun-nan.
24 Province de Koei-tcheou.
25 Villes de la province de Koei-tcheou.
26 Carte générale de la Tartarie Chinoise, de la Corée & du Japon.

Subdivision détaillée de la Tartarie Chinoise.

27 Premiere Feuille.
28 Deuxieme Feuille.
29 Troisieme Feuille.
30 Quatrieme Feuille.
31 Cinquieme Feuille.
32 Sixieme Feuille.
33 Septieme Feuille.
34 Huitieme Feuille.
35 Neuvieme Feuille.
36 Dixieme Feuille.
37 Onzieme Feuille.
38 Douzieme Feuille.
39 Carte des Pays traversés par le Capitaine Beering.
40 Royaume de Corée.
41 Carte générale du Tibet.

Subdivision détaillée du Tibet.

42 Premiere Feuille.
43 Deuxieme Feuille.
44 Troisieme Feuille.
45 Quatrieme Feuille.
46 Cinquieme Feuille.
47 Sixieme Feuille.
48 Septieme Feuille.
49 Huitieme Feuille.
50 Neuvieme Feuille.

Planches relatives à la description & à l'Histoire de la Chine.

51 Observatoire de Pekin.
52 Arbres & Plantes de la Chine.
53 Plan des Salles de cérémonie des Empereurs.
54 Confucius.
55 Plan du Tien-tang, ou Temple dédié au Souverain Seigneur.
56 Plan du Ti-tang, ou du Temple où l'Empereur sacrifie à Cheng-ti.
57 Noce Chinoise.
58 Habillement Chinois.
59 Cortege d'un Viceroi.

60 Vaisseaux ou Bâtimens Chinois.
61 Obsèques des Chinois.
62 Ricci, Adam, Schaal, premiers Ministres Chinois.
63 Machines pour les Arts & Métiers.
64 Noces Chinoises.

N. B. Le mérite de cet Ouvrage, la célébrité de son Auteur, le peu de connoissance que l'on a de ce pays, la défectuosité de toutes les Cartes qui en ont été publiées jusqu'à ce jour, rendent cet Ouvrage infiniment précieux. C'est la raison qui a déterminé le sieur Dezauche à publier cet Atlas, qui avoit resté comme enfoui depuis la publication de l'Ouvrage du P. du Halde. C'est certainement rendre un grand service à la Géographie, que de le rendre public, et d'en faciliter l'usage, en en vendant les feuilles séparément.

CARTES CÉLESTES.

NOUVELLE Uranographie, ou méthode très facile pour apprendre à connoître les constellations, par les configurations des principales étoiles entr'elles, par M. *Ruelle*, élève de l'Observatoire de Paris, avec l'instruction relative, *feuille de grand Monde.*

Grande Carte de la Lune, par *J. D. Cassini*, *feuille de grand-aigle.*

Réduction de la Carte de la Lune, avec l'explication des taches, par M. *Cassini* fils, *petite feuille.*

Nouveau Tableau indicatif des Vents, avec leurs noms, sur l'Océan, sur la Méditerranée & sur la Mer Noire, & une explication qui y est relative.

CARTE DE LA FRANCE, DE L'ACADÉMIE,

Sous la direction de MM. Cassini, Montigny, Peronnet, &c.

TOUTES les feuilles de la Carte de France, de l'Académie, *en blanc.*

Les mêmes, *collées sur toile à charnieres.*

Les mêmes, *collées sur toile à charnieres, & enluminées.*

Tableau pour l'assemblage de ladite Carte, avec le nom de la principale Ville qui se trouve dans chaque feuille publiée jusqu'à ce jour, au nombre de 176, avec le n°. indicatif pour les reconnoître, & se les procurer sans erreurs.

Le même, *collé sur toile, & étui.*

Autre Tableau pour l'aſſemblage de la Carte de France, auquel ſont joints les ſignes caractériſtiques que l'on a employés dans la confection de cette Carte, & ſur lequel les principales routes de la France ſont marquées, à l'effet de ſavoir ſur le champ les feuilles dont on a beſoin pour la route que l'on a à parcourir.

Le même, *ſur toile*.

N. B. L'on trouvera toujours chez le ſieur *Dezauche*, des collections complettes de cette Carte, ſoit en blanc, ſoit collée ſur toile, ſoit collée ſur toile & enluminée, & dans des étuis.

L'on y trouvera auſſi toutes les Cartes ci-avant déſignées, collées ſur toile à charnieres, & chacune dans leur étui

---

CARTES DÉCOUPÉES ET COLLÉES SUR BOIS,

Pour faciliter aux enfans l'étude de la Géographie.

LA MAPPEMONDE.

L'Europe.

L'Aſie.

L'Afrique.

L'Amérique.

La France par Provinces.

La France par Départemens.

L'Allemagne.

L'Italie.

L'Eſpagne.

Les Iſles Britanniques.

Et généralement toutes celles que l'on déſireroit être arrangées de cette manière, que l'on ſe chargeroit de faire découper, ainſi que celles ci-deſſus.

GLOBES ET SPHÈRES.

GLOBES Céleſte & Terreſtre, d'un pied de diamètre, montés ſur des pieds verniſſés & dorés, avec Méridien de cuivre & Bouſſole.

Sphère de Ptolomée & de Copernic, même diamètre, Méridien de cuivre, pieds verniſſés & dorés.

Les mêmes, en Méridien de carton, pieds non dorés.
Globes Céleste & Terrestre, de neuf pouces de diamètre.
Sphères de Ptolomée & de Copernic, même diamètre.
Globes Céleste & Terrestre, de six pouces de diamètre.
Sphères de Ptolomée & de Copernic, même diamètre.

CARTES D'ASSORTIMENS

De différens Auteurs, étrangères, rares & autres.

La Pologne; en 20 *feuilles*, par *Rizzi Zannoni.*

Les Monts Pyrenées, *par Roussel.*

La Silésie, en 20 *feuilles*, par *Homann.*

Le Plan de Rome, de *Nolly.*

Nouvelle Carte semi-topographique d'Allemagne, en 81 *feuilles*, lesquelles se réunissent, par *Jaeger.*

Carte des Postes d'Allemagne, *feuille de grand-aigle*, publiée en Allemagne.

Carte de la partie septentrionale de l'Empire Ottoman, par *Rizzi Zannoni*, en 3 *feuilles.*

Carte du Royaume de Naples, en 4 *feuilles*, par *Rizzi Zannoni.*

La grande Carte originale du canal de Languedoc, en 23 *feuilles*. (Voyez cours de rivieres & canaux.)

Carte originale du Piémont & de la Savoie, en 25 *feuilles*, par *Borgognio.*

Plan des environs de Paris, de l'Abbé *Delagrive*, en 9 *feuilles de grand-aigle.*

Carte du Comté Nantois, par *Oger.*

Carte de la Bretagne, en 4 *feuilles*, levée par ordre des ci-devant Etats de cette Province, par *Oger*, Ingénieur de la Province.

Carte de la Capitainerie des Tuileries.

Le Plan de Londres, Carte originale, une *feuille.*

Le Plan de Londres & de ses environs, Carte topographique, en 16 *feuilles*, par *Roque.*

Partes confines trium Magnorum, Imperiorum, Austriaci, Rustici & Otmanici, ou Carte de l'Empire Ottoman, avec les confins de la Russie, de l'Autriche, &c. en 6 *grandes feuilles.*

Nouveau Plan de Versailles, & de ses environs, donnant les plus grands détails de la Ville, du Château & du Parc; de ceux de Trianon, de la Ménagerie, &c.; très-grand Plan, fort exact & très-détaillé; lequel contient aussi les noms des édifices, bosquets, statues, vases, &c. avec le nom de leur auteur, &c. &c.

Carte des Pays-Bas Autrichiens, du Brabant, du Duché de Luxembourg, du Pays de Liége, &c. par le Colonel *Ferrary*, en 25 *feuilles de grand-aigle*, sur la même échelle, & faisant suite à la Carte de France de *Cassini*.

Plus, quantité de Cartes étrangères & rares, sur toutes les parties du globe, & dont l'on ne peut donner ici le détail.

CARTES MILITAIRES.

CARTE du théâtre de la guerre en Allemagne, entre la Grande-Bretagne & la France, depuis 1757, jusqu'en 1762, par le Colonel Bawr, en 6 *grandes feuilles*.

Plans Topographiques des Batailles, Campemens, Sièges, &c. par le Colonel Bawr.

Plan du passage de l'Aller, & de l'affaire de Hoya.

Plan du Siège de Minden.

Plan des mouvemens de l'Armée, en Mai & Août 1758.

Plan des Affaires de Sangershausen & de Lutternberg.

Plan de l'Affaire de Soest.

Plan de la position de l'Armée alliée, à Attenhagen, & de celle des François à Zelle, en Décembre 1757.

Siège du Château de Harbourg, en 1757.

Plan du passage du Rhin, de l'Armée alliée, près de Lobeth ou Tolhuis.

Plan de l'Affaire de Rhinbergen, en 1758.

Plan de la Bataille de Creveld, en 1758.

Plan du bombardement de Dusseldorff, en 1758.

Plan de l'Affaire de Méer, en 1758.

Plan de la Bataille de Tonhausen, près Minden, en 1759.

Plan de la levée du Siège de Brunswick.

Plan de la Bataille de Vellinghausen, entre le Prince Ferdinand de Brunswick & les Maréchaux de Soubise & de Broglie, en 1761.

Plan de la Bataille de Willielmsthal, entre le Prince Ferdinand de Brunswick & les Maréchaux d'Estrées & de Soubise, en juin 1762.

Plan du Siège de Cassel, en Août 1762.

Portrait du Prince Ferdinand, Duc de Brunswick & de Lunebourg, supérieurement gravé.

ATLAS D'ASSORTIMENT.

ATLAS des Comtés & Provinces d'Angleterre, ou Cartes originales, formant 48 *feuilles*, *reliées*.

Atlas du Plan de Londres & de ses environs, par *Roque*, *relié*.

L'Amérique septentrionale, jusques y compris le golfe du Mexique & les Antilles, en 50 Cartes étrangères, donnant les plus grands détails sur cette partie, tant en Cartes générales que particulières, *toutes collées sur toile à charnieres*, *& dans 6 étuis*.

Le grand Atlas Russien, en Cartes originales de Russie, donnant le détail & l'étendue de cet Empire.

Atlas de la Pologne, en 20 *feuilles*, lavées en plein, par *Rizzi Zannony*, *relié en veau*.

Le même, *collé sur toile*, *dans un étui*.

Atlas de la Silésie, par *Homann*, en 20 *feuilles*, très-estimé, *relié en veau*, *filets*.

Atlas du Plan de Rome, par *Nolli*, en 20 *feuilles reliées*.

The west indian Atlas, or a general description, of the west indies: taken from actual survey and observations, by Thomas Jefferys, Geographer. — Ou Atlas contenant la description & les Cartes, particulièrement de l'Amérique septentrionale, du golfe du Mexique, avec toutes les Antilles, par *Thomas Jefferys*, *relié*.

North American Pilote. — Ou Atlas Géographique & Hydrographique de l'Amérique septentrionale, en 2 *volumes*, avec la description, *reliés*.

Atlas complet de l'Espagne, dont toutes les Provinces qui composent ce Royaume, sont chacune en plusieurs *feuilles* séparées; les Isles sous sa dépendance, & une Carte particulière du Portugal, en 8 *feuilles*, le tout publié à Madrid, par *Thomas Lopez*, *relié en veau*.

Atlas Maritime des côtes d'Espagne, levé géométriquement, & assujetti aux nouvelles Observations astronomiques, par *Tosino* & autres Astronomes; *original Espagnol*, *très-bien exécuté pour toutes ces parties*, avec l'Instruction en Espagnol.

Atlas Chorographique des Etats du Roi de Sardaigne & de la République

blique de Gênes, en 22 *feuilles*, d'après les Cartes de *Borgognio* & de *Chafrio*, avec des Tables alphabétiques indicatives, par *A. Dury*. Atlas, *relié*.

Quantité d'Atlas, tant Français qu'étrangers, sur toutes les parties du globe, dont on n'a pu faire ici l'énumération.

OUVRAGES IMPRIMÉS

Relatifs à la Géographie, à l'Astronomie, et autres.

Les Royaumes de David, de Salomon, & l'Egypte, par *Hasius*.

Histoire Universelle, par *Hasius*, avec les Tables Chronologiques, Historiques, & Cartes relatives, *reliées en carton*.

Mémoire sur les Pays de l'Asie & de l'Amérique, situés au nord de la Mer du sud, par *J. N. Buache*, *in-4. broché*.

Géographie Elémentaire, ancienne & moderne, par *J. N. Buache*, 2 *vol. in-12*.

Description Géométrique de la France, par *Cassini de Thury*, *vol. in-4. broché*.

Découvertes des François, en 1768 & 1769, dans le sud-est de la Nouvelle-Guinée, précédées de l'abrégé historique des Navigations & Découvertes des Espagnols dans les mêmes parages, avec 11 Cartes sur cette partie, par M. *L. C. D. F.* ancien Capitaine de vaisseau. Cet Ouvrage curieux, dont le mérite est reconnu, jette la plus grande lumière sur les fameuses Isles de Salomon, dont la position & l'existence sont depuis long-temps un problême, *vol. in-4*.

Traité du gréément des vaisseaux & autres bâtiments de mer; Ouvrage publié par ordre du Gouvernement, pour l'instruction des Elèves de la Marine, par M. *l'Escallier*, 2 *vol. in-4. fig.*

Essai méthodique & historique sur la Tactique navale, orné de gravures, par *Jean Clerk*, trad. de l'anglois par M. *l'Escallier*, Commissaire général des Colonies, *vol. in-4. fig.*

Abrégé de Navigation, historique, théorique & pratique, où l'on trouve les principes de la Manœuvre & ceux du Pilotage, les Méthodes les plus simples pour se conduire sur mer par longitudes & latitudes, avec des Tables horaires pour connoître le temps vrai, par la hauteur du soleil & des étoiles, dans tous les temps de l'année & à toutes les latitudes, jusqu'à 61 dégrés, par *J. Delalande*, de l'Académie des Sciences, *in-4. broché*.

HIPPIATRIQUE.

TABLEAU démonstratif des tares & maladies des chevaux, & Tableau indicatif du traitement; Ouvrage très-utile, très-estimé & très-méthodique, avec lequel on peut soi-même soigner ses chevaux, & parer à de grands inconvéniens, en négligeant dans les commencemens des maladies légeres, & qui deviennent graves dans la suite; donnant en outre des connoissances sur les traitemens faits par ceux qui les soignent, par *Robinet*, Hippiatre, 2 *feuilles de grand-aigle.*

Clavicule du cheval, structure & maladies; donnant les connoissances nécessaires pour le traitement du cheval, ainsi que pour sa structure, en indiquant le nom de toutes les parties qui le constituent, par M. *Lafosse*, Hippiatre, 2 *feuilles de grand-aigle.*

A V I S.

L'on trouvera chez le sieur *Dezauche* tout ce que l'on pourra désirer en Géographie, tant en Cartes en feuilles, que collées sur toile; Cartes françaises & étrangères; Atlas français & étrangers, les plus rares & les plus recherchés. Son fonds, le plus estimé qui existe, réunit une très-grande quantité de Cartes rares & précieuses, tant sur la Géographie, que sur l'Hydrographie.

Le sieur *Dezauche* prévient MM. les Marchands de Provinces, Marchands d'Estampes, Libraires & autres, qu'il a seul acquis toutes les Planches & Ouvrages Géographiques des sieurs *Delisle* & *Buache*, ainsi que la plus grande & la meilleure partie des Cartes qui composoient le fonds du sieur *Jaillot;* que, de plus, il a augmenté son fonds d'un nombre considérable de Cartes des meilleurs Auteurs; que lui-même a fait graver & publier quantité d'Ouvrages nouveaux qu'il a faits; qu'en conséquence, c'est à lui seul qu'il faut s'adresser, si l'on ne veut pas courir risque d'être induits en erreur, pour se procurer tous les Ouvrages de ces Auteurs & les siens, qui se trouvent annoncés dans le présent Catalogue.

Quoiqu'il n'annonce dans ce Catalogue que les Ouvrages qui composent son fonds, & dont il est possesseur des Planches, l'on pourra se procurer chez lui tout ce que l'on peut désirer en Géographie, de plus estimé, de plus exact, & du meilleur choix.

HYDROGRAPHIE.

NEPTUNE oriental, par M. *d'Après de Mannevilette*, ancien Capitaine de vaisseau de la Compagnie des Indes; Ouvrage très-estimé, & indispensable pour la Navigation des Indes Orientales, 2 *vol.* très-grand *in-fol. reliés.*

Le même; Atlas, en 1 *vol.* très-grand *in-fol.* & l'Instruction, *in-4.* l'un & l'autre *reliés.*

Le mérite & l'utilité de cet Ouvrage, la célébrité de son Auteur, sont tellement reconnus, que nous n'avons pas besoin d'en faire ici l'analyse. Nous dirons seulement qu'il n'est pas un seul Navigateur qui fasse le voyage de l'Inde, ou qui se destine à cette Navigation, qui ne se procure cet Ouvrage, & qui ne le médite profondément, le regardant comme un instrument tellement utile, qu'il est impossible de s'en passer. Il n'est même pas de Bibliothèque, ni de Commerçant à qui il ne soit de la plus grande utilité.

Plusieurs exemplaires de l'ancienne édition du Neptune oriental, de M. *d'Après de Mannevilette*, édition de 1745, recherchée par quelques Marins; très-grand Atlas *in-fol.*, *feuille de grand-aigle.*

CARTES HYDROGRAPHIQUES

Très-estimées, de différens Auteurs.

CARTE réduite de l'Océan oriental, ou Mer des Indes, depuis le Cap de Bonne-Espérance jusqu'au Japon, autrement appellée *Routier des Indes*, par M. *d'Après de Mannevilette*, première édition, recherchée par les Marins.

Carte réduite de l'Océan oriental, ou Mer des Indes, depuis le Cap de Bonne-Espérance jusqu'à l'Isle Formose, par M. *d'Après de Mannevilette*, derniere édition.

Carte réduite de la Manche, en 3 *feuilles de grand-aigle*, par Mr. *Degaulle*, Ingénieur de la Marine & Professeur d'Hydrographie; Carte très-exacte & très-estimée.

Carte réduite du golfe de Gascogne, en 2 *feuilles*, avec toutes les sondes, leur nature, &c. dressée par MM. *Perigny* & *Magin*, Ingénieurs de la Marine.

Carte Géométrique de l'entrée de la riviere de Bordeaux, avec l'explication relative, par M. *Magin*, Ingénieur de la Marine.

Carte Géométrique de l'entrée de la riviere de Loire, en 2 *feuilles*, par M. *Magin*, Ingénieur de la Marine.

Nouvelle Carte Hydrographique de l'embouchure de la Seine, levée géométriquement, avec les sondes, bancs de sable, &c. publiée par ordre du Gouvernement; par M. *Degaulle*, Ingénieur de la Marine, &c.

Carte du Ponant, ou de la Manche, en 2 *feuilles*, par l'Abbé *Diquemare*, avec les sondes de basse-mer, &c.

Carte Hydro-Topographique des Ports & entrées du Ferol & de la Corogne, très-utile pour les navires qui veulent entrer dans ces Ports, par M. *Degaulle*, Ingénieur de la Marine.

Plan de la Baye & du Port de Rio-Janeiro, situé à la côte du Bresil, très-utile pour l'entrée & la sortie de ce Port, levé géométriquement, par le P. *Capassi*, avec toutes les sondes.

Carte des Isles Malouines, ou Falkland, gravée d'après l'original, publié par autorité, à Londres.

CATALOGUE DES CARTES

HYDROGRAPHIQUES

Et autres Ouvrages, dressés au Dépôt des Plans, Cartes et Journaux de la Marine, pour le service des Vaisseaux de la Nation, dont le sieur DEZAUCHE *a seul l'Entrepôt général, à Paris, rue des Noyers, près celle des Anglois.*

HYDROGRAPHIE FRANÇAISE.

PREMIER VOLUME.

CARTES GÉNÉRALES.

1 FRONTISPICE.
2 Titre.
3 Tableau des Pavillons que les diverses Nations arborent à la Mer.

Le même, *enluminé en plein.*
4 Carte du Globe terreſtre.
5 Variations de la Bouſſole & des Vents généraux.

OCÉAN SEPTENTRIONAL.

6 Carte réduite des Mers du Nord.
Mer du Nord, de M. *Verdun.*
7 Carte réduite de la partie de la Mer du Nord, compriſe entre l'Ecoſſe & la Norwege.
8 Carte réduite de l'Iſlande & des Mers qui en ſont voiſines, pour ſervir à la pêche de la Baleine.
9 Carte réduite du détroit de Davids, pour ſervir à la même pêche.
10 Carte réduite des côtes de Flandre & de Hollande, depuis Calais juſqu'à l'Elbe, avec les côtes d'Angleterre oppoſées.
11 Carte réduite des Iſles Britanniques.
12 Carte réduite des Isles Britanniques, en 5 *feuilles;* premiere feuille, partie méridionale d'Angleterre.
13 *Idem*, ſeconde feuille, partie ſeptentrionale d'Angleterre.
14 *Idem*, troiſieme feuille, partie méridionale d'Ecoſſe.
15 *Idem*, quatrieme feuille, partie ſeptentrionale d'Ecoſſe.
16 *Idem*, cinquieme feuille, l'Irlande.
17 Carte des entrées de la Tamiſe juſqu'à Londres.
18 Carte de la rade des Dunes, *demi-feuille.*
19 Carte réduite du Comté de Kent & du pas de Calais.

OCÉAN OCCIDENTAL.

20 Carte réduite de l'Océan occidental, contenant les côtes d'Europe & d'Afrique, depuis le 52e dégré de latitude juſqu'à l'équateur, & celles d'Amérique qui leur ſont oppoſées.
L'Analyſe de ladite Carte, *in-4. brochée.*
Carte de l'Océan Atlantique, par M. *Verdun.*
21 Carte réduite de la Manche.
22 Carte de l'Iſle de Wight & côtes voiſines.
23 Carte réduite des Iſles de Jerſey, Greneſey & Aurigny, avec les côtes de Normandie qui en ſont voiſines, *demi-feuille.*
24 Carte de l'Iſle de Jerſey, *demi-feuille.*
25 Carte de l'Iſle de Greneſey, *demi-feuille.*
26 Carte de l'Iſle d'Aurigny & roches voiſines, avec l'Iſle de Chozé, *demi feuille.*

27 Carte réduite des passages de l'Iroise, du Four & du Raz.
28 Carte réduite du golfe de Gascogne.
29 Carte réduite de l'Isle de Belle-Isle.
30 Carte réduite des Isles de Rhé & d'Oléron.
31 Carte des entrées de la riviere de Bordeaux.
32 Carte réduite des côtes d'Espagne & Portugal, depuis le Cap Pinas jusqu'au détroit de Gibraltar.
33 Plan du Port de Lisbonne & côtes voisines.
34 Carte de la Baye de Cadix.
35 Carte du détroit de Gibraltar, avec le plan particulier de la presqu'Isle & de la ville de Gibraltar.
36 Carte de la baye de Gibraltar, *demi-feuille*.
37 Cartes réduites des côtes de France & d'Espagne sur l'Océan & la Méditerranée, pour servir à la traversée de Dunkerque à Toulon.
38 Carte réduite de la Méditerranée, premiere feuille.
39 *Idem*, seconde feuille.
40 *Idem*, troisieme feuille.
41 Carte plate de la Méditerranée, par le sieur *Grognard*.
42 *Idem*, seconde feuille.
43 *Idem*, troisieme feuille.
44 Carte des Isles Majorque, Minorque & Yvice, avec le Plan du Port-Mahon, *demi-feuille*.
45 Carte réduite du golfe de Gênes.
46 Carte de l'Isle de Corse.
47 Carte réduite du golfe de Venise.
48 Carte réduite de l'Archipel.
49 Carte plate de l'Archipel, par le sieur *Grognard*.
50 Carte réduite de la Mer de Marmara.
50 (*bis*) Carte réduite de la Mer Noire.
51 Carte réduite des Isles Açores, par *Bellin*, 1775.
Carte (nouvelle) des Isles Açores, d'après les Observations de M. *de Fleurieu*, & de *Vincente Tofino*, 1791.
Plan de la Baye de Fayal & de la Rade d'Angra, en 1791.
52 Carte réduite des côtes occidentales d'Afrique, premiere feuille, contenant les côtes de Barbarie, depuis le détroit de Gibraltar, jusqu'au Cap Bojador, avec les Isles Canaries.
Carte des côtes d'Afrique, (nouvelle) depuis le détroit, jusqu'au Cap Bojador, avec les Isles Canaries, par M. *Borda*, 1780.
Carte particulière des Isles Canaries, par M. *Borda*, 1780.
53 Carte des côtes d'Afrique, 2e feuille, depuis le Cap Bojador, jusqu'à la riviere Sierra-Leona, avec les Isles du Cap Verd.

54 Carte générale de la côte de Guinée, depuis la riviere Sierra-Leona, jusqu'au Cap Lopez-Gonsalvo.
55 Carte particuliere de la Cote-d'Or, *demi-feuille.*

SECOND VOLUME.

Suite de l'Océan Occidental.

56 Carte réduite des côtes de l'Acadie, de l'Isle Royale, & de la partie méridionale de l'Isle de Terre-Neuve, dressée sur les Observations faites par ordre du Roi, en 1750 & 1751, par M. *de Chabert.*
Carte particuliere du détroit de Fronsac.
Carte du Port Canseau.
Carte des côtes du Sud-Est de l'Isle Royale.
Carte du Port de Chibouctou, aujourd'hui Halifax.
Carte de la pointe du Sud-Ouest de l'Acadie.
57 Carte des Bancs & de l'Isle de Terre-Neuve, avec les côtes du golfe de Saint-Laurent & de l'Acadie, par M. *de Chabert*, 1784.
58 Carte particuliere de l'Isle de Terre-Neuve, par M. *de Chabert*, 1784.
59 Carte des Isles de Saint-Pierre & Miquelon.
60 Carte de l'Isle de Saint-Pierre.
61 Carte des côtes orientales de l'Amérique Septentrionale, depuis la côte du sud de Terre-Neuve, jusqu'à la côte de New-Jersey: (Du Nept. Americo.)
62 Carte des côtes de l'Amérique Septentrionale, depuis la côte de New-Jersey, jusqu'à la Floride. (Du Nept. Americo.)
63 } Carte plate du cours du fleuve Saint-Laurent, depuis Quebec
64 } jusqu'à l'Isle d'Anticosti, en 2 *feuilles.*
65 Carte de l'Acadie, ou Nouvelle-Ecosse, 1779.
65 (*bis*) Plan particulier du Port d'Halifax, *Olim*, Chibouctou.
66 Carte réduite des côtes de la Louisiane & de la Floride.
67 Carte réduite du golfe du Mexique & des Isles de l'Amérique.
68 Carte réduite de l'Isle de Cube & du passage nommé le vieux canal.
69 Plan de la Baye & de la Ville de la Havanne.
70 Carte particuliere de la Jamaïque.
Carte réduite de la Jamaïque, avec les parties voisines de l'Isle de Cube & de Saint-Domingue.

71 Carte (nouvelle) de l'Isle de Saint-Domingue ; par M. *Chastenet-Puysegur*, 1787.
Carte particuliere de l'Isle de Saint-Domingue, de *Bellin.*

72 Carte réduite des Débouquemens de Saint-Domingue, par Mr. *Chastenet-Puysegur*, 1787.
Carte réduite de l'Isle de Saint-Domingue & de ses Débouquemens, par *Bellin.*

73 Plan de la Baye de l'Acul, du Mole Saint-Nicolas, de la Baye de Dame-Marie, du Port François, de la Baye des Irois, par Mr. *Puysegur.*

74 Plan de l'Ance à Chouchou, de la Baye Moustique, de la Baye des Gonayves, du Port à l'Ecu, du Port Paix, du Mouillage de Jean Rabel, de la Baye de Tiburon, de la Baye du Fond de la Grange, & de la riviere de la Basse-Terre de la Tortue, par le même.

74 (*bis*) Carte de la Gonave à la côte occidentale de Saint-Domingue, par M. *de Sepmanville*, 1788.

75 Carte réduite des Isles Antilles.
Carte des Isles Antilles, par M. *Verdun.*

76 Carte réduite de l'Isle de Saint-Christophe, avec le Plan de l'Isle de Nieves.

77 Carte réduite de l'Isle d'Antigue, *demi-feuille.*

78 Carte réduite de la Guadeloupe, Marie-Galante & les Saintes, avec le Plan particulier du Fort-Louis.

79 Carte réduite de l'Isle de la Martinique, avec le Plan particulier du cul-de-sac royal.

80 Carte de l'Isle de Sainte-Lucie, avec le plan particulier des principaux Ports & Mouillages.

81 Carte de l'Isle de la Barbade, *demi-feuille.*

82 Carte de l'Isle de la Grenade.

83 Carte réduite des côtes de la Guyanne, depuis l'Orénoque jusqu'au Cap-Nord.

84 Carte de la Guyanne Française, avec le plan de Cayenne, *demi-feuille.*

85 Carte réduite pour la navigation de Cayenne à la Martinique, avec l'entrée de Cayenne.

OCÉAN MÉRIDIONAL.

86 Carte réduite de l'Océan méridional, contenant toutes les côtes de l'Amérique méridionale, & les côtes d'Afrique qui lui sont opposées.

87 Carte de la riviere de la Plata, *demi-feuille.*
88 Carte des Isles Malouines ou Falkland.
89 Carte des côtes occidentales d'Afrique, contenant les côtes d'Angole, de Congo, de Loango, &c., avec les Isles de Saint-Thomé & du Prince.
90 Carte réduite des côtes occidentales d'Afrique, depuis le Cap Frio, jusqu'à la Baye Saint Blaise.

OCEAN ORIENTAL.

91 Carte réduite de l'Océan oriental, ou Mer des Indes, contenant les côtes d'Afrique & d'Asie, depuis le Cap de Bonne-Espérance jusqu'à la Chine.
92 Carte réduite du canal de Mozambique, des Isles de Madagascar, de France, de Bourbon, &c. avec le plan particulier du Port de Secheyles, dans l'Isle de ce nom.
93 Carte de l'Isle de Madagascar.
94 Carte de l'Isle de France, avec le plan particulier du Port-Louis.
95 Carte de l'Isle de Bourbon.
95 (*a*) Carte du systême des courans des Mers de l'Inde dans le temps de la Mousson du nord-est au nord de la ligne, par M. *Grenier.*
95 (*b*) Carte des courans pour le temps de la Mousson du sud-ouest au nord de la ligne, *par le même.*
95 (*c*) Carte de l'Archipel au nord de l'Isle de France, *par le même.*
95 (*d*) Carte des Isles & Bancs nommés *Adu*, & *Candu*, *Chagas*, &c. *par le même.*
95 (*e*) Carte des Isles Mahé ou les Trois-Freres & les Sept-Freres, *par le même.*
96 Carte réduite de la presqu'Isle occidentale de l'Inde, contenant les côtes depuis Cambaye jusqu'aux bouches du Gange.
97 Carte réduite des détroits de Malaca, Sincapour & du Gouverneur.
98 Carte réduite des Isles Philippines.

OCÉAN PACIFIQUE.

99 Carte réduite de l'Océan pacifique septentrional, compris entre l'Asie & l'Amérique, suivant les découvertes qui en ont été faites par les Russes.
100 Carte réduite de l'Océan pacifique méridional, appellé communément *Mer du Sud.*

TROISIEME VOLUME.

NEPTUNE FRANÇAIS.

101 Frontiſpice.

102 Carte générale des côtes de l'Europe ſur l'Océan, depuis Drontheim juſqu'au détroit de Gibraltar.

103 Carte de la Mer Baltique, contenant les côtes compriſes entre l'Isle de Zélande & l'extrémité du golfe de Finlande.

104 Carte de la Mer de Danemarck, & des entrées de la Mer Baltique.

105 Carte du détroit du Sund.

106 Carte de la Mer d'Allemagne, depuis Bergen & les Isles Schetland, juſqu'au pas de Calais.

107 Carte des entrées du Zuiderzée & de l'Ems, avec les Isles, bancs & côtes, compris entre la Hollande & la Friſe orientale.

108 Carte des entrées de l'Eſcaut & de la Meuſe, avec les bancs, paſſes, Isles & côtes, compris entre Gravelines & Roterdam.

109 Carte de l'entrée de la Tamiſe, avec les bancs, paſſes, &c.

110 Carte de la Mer d'Ecoſſe, contenant les côtes ſeptentrionales & occidentales d'Ecoſſe, & les côtes occidentales d'Irlande.

111 Carte générale des côtes d'Irlande & des côtes occidentales d'Angleterre, partie de celle d'Ecoſſe.

112 Carte particuliere des côtes occidentales d'Irlande, comprenant la Baye de Gallovay & la riviere de Limerick.

113 Carte de la Manche.

114 Carte du golfe de Gaſcogne, *premiere feuille.*

115 *Idem*, ſeconde feuille.

116 Carte des côtes méridionales d'Angleterre, comprenant l'Isle de Wight, le Havre de Portſmouth, &c.

117 Carte des cotes de Flandre, de Picardie & de Normandie, depuis Nieuport juſqu'à Dieppe, avec les cotes d'Angleterre, aux environs du pas de Calais.

118 Carte des côtes de Normandie, *premiere feuille*, depuis Dieppe juſqu'à la pointe de la Percée.

119 *Idem*, ſeconde *feuille*, depuis la pointe de la Percée juſqu'à Granville, avec les Isles de Jerſey, Greneſey, Cers & Aurigny.

120 Carte générale des côtes de Bretagne.

121 Carte particuliere des côtes de Bretagne, *premiere feuille*, depuis Granville juſqu'au Cap Frehel.

122 *Idem*, deuxieme feuille, depuis le Cap Frehel jusqu'à Perros.
123 *Idem*, troisieme feuille, depuis Perros jusqu'à l'Anse de Goulven.
124 *Idem*, quatrieme feuille, depuis l'Anse de Goulven jusqu'à l'Isle d'Ouessant.
125 *Idem*, cinquieme feuille, contenant la rade de Brest.
126 *Idem*, sixieme feuille, depuis la Baye d'Audierne jusqu'à l'Isle de Groaix.
127 *Idem*, septieme feuille, depuis l'Isle de Groaix jusqu'au Croisic.
128 *Idem*, huitieme feuille, comprenant l'entrée de la Loire & l'Isle de Noirmoutier.
129 Carte des côtes de Poitou, d'Aunis & de Saintonge, depuis l'Isle de Noïrmoutier, jusqu'à la riviere de Bordeaux.
130 Carte des côtes de Guyenne & Gascogne, avec celle de Guipuscoa en Espagne, depuis la riviere de Bordeaux jusqu'à Gataria.
131 Carte des côtes septentrionales d'Espagne, depuis Fontarabie jusqu'à Bayonne en Galice.
132 Carte des côtes de Portugal & d'Espagne, depuis le Cap Finisterre jusqu'au détroit de Gibraltar.

N. B. On prie ceux qui desireront se procurer les Cartes ci-dessus, de les désigner toujours par leurs numéros, pour éviter les méprises.

NOUVELLES CARTES DES CÔTES DE FRANCE

SUR L'OCÉAN,

Faites d'après les Plans levés en 1776 *et* 1777, *par MM.* Lacouldre la Bretonniere, *Lieutenant de vaisseau, et* Mechain, *Astronome-Hydrographe de la Marine, publiées en* 1792.

Côtes de France, depuis Nieuport jusqu'à Ambleteuse.
Plan de la Rade de Dunkerque.
Côtes de France, depuis Calais jusqu'à l'entrée de la Somme.
Côtes de France, depuis l'entrée de la Somme jusqu'à Fécamp
Côtes de France, depuis Fécamp jusqu'à Dives.
Côtes de France, depuis le Havre-de-Grace jusqu'à Isigny.
Côtes de France, depuis Isigny & le Grand-Vay, jusqu'au Cap Carteret.
Côtes de France, depuis le Cap Carteret, jusqu'à l'Isle des Embiez.

Côtes de France sur la Méditerranée, *publiées en 1792.*

Côtes de France, depuis le Rhône, jusqu'à Nice & Villefranche.
Carte de la côte & des Isles des environs de Marseille.
Carte de la Rade & des Isles d'Hieres.
Côtes de France, depuis Cassis, jusqu'au Cap Sicié.
Côtes de France, de la Napoule & du Gourgean.

ATLAS, DESCRIPTIONS GÉOGRAPHIQUES,

Et autres Ouvrages de la Marine, par M. Bellin.

Atlas complet de l'Hydrographie française & du Neptune français ; avec les Tables, échelles & feuilles de remarques, composé des Cartes ci-devant dénommées, 3 *vol.* grand *in-fol. rel. en veau.*

Le petit Atlas maritime, ou recueil de Cartes & Plans des quatre parties du monde, par le sieur *Bellin*, contenant près de 600 Cartes, 5 *vol.* grand *in-4. rel.*

Le même, 5 *vol. in-4. rel. en veau à écailles, filets d'or ; les Cartes lavées en plein.*

Atlas, ou Pilote Anglois, composé de Cartes & Plans de plusieurs parties des côtes d'Angleterre, d'Ecosse & d'Irlande, tiré du Pilote-Côtier de la Grande-Bretagne, de *Greenville-Colins.*

Atlas du Pilote Ayrouard, ou recueil de Plans, Ports & Rades de la mer Méditerranée, avec les vues des terres remarquables pour les reconnoissances & les attérages, par le sieur *Ayrouard*, Pilote-réal des Galères du Roi.

Neptune oriental, par M. *d'Après de Mannevilette*, 2 *vol. in-fol. rel.*

Idem, relié en 1 *vol in-fol.*; le Discours, *in-4.*

Description géographique sur les Isles Britanniques, contenant la description de l'Angleterre, Ecosse & Irlande, tant pour la Navigation des côtes, que pour l'intérieur du pays, avec des Cartes, Plans & Vues, *vol. in-4.*

Description géographique & historique de l'Isle de Corse, avec un *vol.* de Cartes & Plans de cette Isle, 2 *vol. in-4.*

Description géographique du golfe de Venise & de la Morée, avec des remarques pour la Navigation, & des Cartes & Plans des Côtes ; Villes, Ports & Mouillages, 1 *vol. in*-4.

Description géographique des Isles Antilles, avec des Cartes, Plans & Vues, *vol. in*-4.

Description géographique des Débouquemens de Saint-Domingue, avec des Cartes & Plans des Isles qui forment ces passages, & des dangers qui s'y trouvent, *vol. in*-4.

Description géographique de la Guyanne, contenant les possessions & les établissemens des François, des Espagnols, des Hollandois & des Portugais, avec des remarques pour la Navigation, & des Cartes, Plans & Figures, *vol. in*-4.

Nouveau Zodiaque réduit à l'année 1755, par M. *de Seligny*, & Table de la longitude & de la latitude de toutes les Etoiles fixes Zodiacales, suivant les observations de *Flamsted*, gravé par d'*Heuland*, *in*-8. *relié*.

Carte pour le précédent Zodiaque.

Carte du théâtre de la guerre dans l'Inde, par M. *Bourcet*.

Carte du Cap de Bonne-Espérance.

Carte d'une partie de la Ville & Isle Sainte-Hélene.

Carte Géographique de l'Amérique Septentrionale, par M. *Bellin*.

Carte Géographique de la partie orientale du Canada, avec les Colonies Angloises.

Carte Géographique de la partie occidentale du Canada.

Carte Géographique de la Louisianne & Pays voisins, ou Colonies Angloises.

Carte Géographique du Portugal.

Quartier sphérique.

Quartier de réduction.

Tarif pour trouver le poids des Ancres.

ATLAS, *ou* NEPTUNE AMERICO-SEPTENTRIONAL,

Contenant les Côtes, Isles et Bancs, les Bayes, Ports, Mouillages et les sondes des Mers de cette partie du monde, avec l'intérieur des Terres, depuis le Groenland jusqu'au golfe du Mexique.

A L'USAGE DE LA NAVIGATION.

Dressé au Dépôt général des Cartes, Plans & Journaux de la Marine.

Cartes générales.
- FRONTISPICE & titre.
- Premiere Carte des cotes de l'Amérique Septentrionale, depuis l'Isle de Terre-Neuve jusqu'à Long-Island, avec l'intérieur des Terres.
- Deuxieme Carte, contenant depuis Long-Island jusqu'à la riviere Saint-Jean, à la partie orientale de la Floride.
- Troisieme Carte, contenant la Floride, le Canal de Bahama, les Bayes de Pensacola & de la Mobille, jusqu'au Mississipi, &c.

L'Isle Saint-Jean, au nord de l'Acadie, & la Baye des Chaleurs.
L'Isle Royale & les Plans particuliers dépendant de ladite Isle.
Plan de la Ville & du Port de Louisbourg.
Le Port-Toulouse, les Bayes de Gabarus & de Néichac.
Le Port-Dauphin & la Rade Sainte-Anne.
Plans des Ports de Rochelois, de la Hêve, de la riviere Saint-Jean & de Chibouctou.
Plan de l'Isthme de l'Acadie, contenant partie de la Baye-Verte, le beau Bassin, la Baye & le Havre de Caſco.
Le Bassin & la Riviere de Port-Royal ou Annapolis.
Le Havre & le Port de Boston.
La Baye de Narraganset, où se trouve Rode-Island & Connecticut.
La Délaware & la riviere d'Hudson, depuis Sandi-Hooc jusqu'à New-Yorck.
La Baye de Chesapeak & la Baye Herring.
Riviere du Cap Fear, la Barre & le Havre de Charles-Town.
Plan du Port-Royal, de la Riviere & du détroit d'Ansoskée.

Plan de l'Isle, de la Barre & du Port d'Amelia.

Le nouveau Pilote de Terre-Neuve, Atlas ou Recueil de Cartes, Plans, Ports & Rades de cette Isle, pour la Pêche de la Morue, avec une Instruction relative, publié par ordre, au dépôt des Cartes, Plans & Journaux de la Marine. Grand Atlas *broché en carton.*

Le Pilote de Saint-Domingue & de ses Débouquemens, avec l'Instruction sur la Navigation de cette Isle, par M. *Chastenet de Puysegur.* Atlas *grand in-fol.*, l'Instruction *in-4.*; *le tout broché.*

GÉOGRAPHIE Universelle, traduite de l'allemand, par Mr. *Busching*, sur sa cinquième & dernière édition, avec des augmentations & corrections qui ne se trouvent pas dans l'original, 1[illegible] *vol. in-8°.* imprimée à Strasbourg, chez *Bauer*, [illegible]

N. B. Il ne faut pas confondre cette édition avec une contrefaite depuis, & imprimée à Lausanne, dans laquelle on s'est permis de retrancher quantité de Notes & Observations, que le célèbre *Busching* a cru très-nécessaires & dans laquelle il se trouve beaucoup de fautes. Cette dernière édition n'est qu'en 12 *vol. in-8°.*, quoiqu'elle contienne les trois autres parties du monde, compilation que l'on trouve par-tout, tandis que l'original ci-dessus ne contient que la Géographie de l'Europe.

FIN.

INSTRUCTION

Pour procéder à la confection du Catalogue de chacune des Bibliothèques sur lesquelles les Directoires ont dû ou doivent incessamment apposer les scellés.

A PARIS,
DE L'IMPRIMERIE NATIONALE.
1791.

INSTRUCTION

Pour procéder à la confection du catalogue de chacune des bibliothèques sur lesquelles les directoires ont dû ou doivent incessamment apposer les scellés.

Les catalogues qu'il est nécessaire de dresser, n'ont d'autre objet que de procurer une connoissance exacte de tous les livres, tant imprimés que manuscrits, qui existent dans celles des bibliothèques de chaque département qui font partie des biens nationaux.

Quoique la méthode indiquée ci-dessous pour faire ces catalogues, soit la plus simple & la plus facile, il est cependant essentiel que ceux qui seront chargés de ce travail, aient quelque teinture des lettres, & qu'ils sachent au moins la langue latine.

Avant tout, il faudra qu'ils se procurent une quantité de cartes à jouer suffisante pour y écrire tous les titres des livres, & pour faire des fichets; ces fichets, dont l'usage sera expliqué plus bas, se font en coupant une carte dans sa longueur, en deux ou trois parties.

Il ne faut point que les personnes qui seront introduites dans une bibliothèque pour en dreſſer le catalogue, s'embarraſſent de l'ordre ou de la confuſion qui peuvent y régner : elles ſont sûres de bien opérer, ſi elles ſuivent exactement la méthode ſuivante.

Elles commenceront le travail par la première tablette ou armoire à gauche, & elles finiront par la dernière, qui eſt à droite : elles prendront un de ces morceaux ou bandes de cartes que nous avons appelés fichets, & écriront au haut le numéro premier, puis elles l'inſéreront dans le premier volume de la premiere planche de la première armoire ou rayon, de manière que ce numéro ſorte tout entier & ſoit bien viſible. Il faut avoir ſoin de replier ſur la tranche du livre cette partie ſaillante du fichet, pour empêcher qu'il ne ſe gliſſe dans l'intérieur du livre, & ne s'y perde. Si ce volume appartient à un ouvrage qui ſoit en pluſieurs tomes, on ne mettra un fichet qu'au premier ſeulement.

L'ouvrage ſuivant recevra un ſecond fichet portant numéro 2; le troiſième, un troiſième fichet portant numéro 3, & ainſi de ſuite juſqu'au dernier livre de la bibliothèque, dont le numéro pourra être 15,000, 20,000, ou 25,000, &c. ſi cette bibliothèque contient ce nombre d'articles.

Quand tous les ouvrages auront été ainſi garnis de fichets numérotés, on paſſera à la ſeconde opération, qui conſiſte à prendre ſur les cartes les titres de ces livres : on répétera ſur la première ligne de la carte le numéro du fichet de chaque livre; ainſi la première carte portera le chifre premier, qui ſera le numéro du fichet du premier livre; la ſeconde le chifre 2, numéro du ſecond livre; la troiſième le chifre 3, numéro du troiſième livre.

A la ſuite de ce n°., écrit en caractères un peu gros, on tranſcrira exactement le titre du livre; ou, s'il eſt trop long, on en fera l'extrait avec le plus de préciſion & de clarté qu'il ſera poſſible, obſervant d'y faire entrer & les mots qui caractérisent la matière & les noms de l'auteur, avec le nom du lieu où l'ouvrage aura été imprimé, celui de l'imprimeur ou libraire, la date de l'année & le format du livre, c'est-à-dire, qu'on marquera, si c'est un in-folio, *in-f°.*; si c'est un in-quarto, *in-4°.*; si c'est un *in-8°.*, un *in-12.*, un *in-16*, &c. On observera scrupuleusement de tirer une ligne sous le nom de l'auteur, ainsi qu'il sera expliqué plus bas.

EXEMPLE.

Œuvres de Bochart, qui sont supposées être le 49e ouvrage de la bibliothèque, & porter par conséquent le fichet 49. Le titre de ce livre doit être fait ainsi : « N°. 49, » Samuelis *Bocharti*, opera, Lugduni Batavorum, Bou» testeyn, 1772, in-f°. 3 vol. » Ce titre apprend que ce sont les Œuvres de Samuël Bochart, de l'édition de Leyde, 1712, en trois volumes in-fol. (Voyez le modèle figuré à la fin, numéro Ier.)

Comme il est essentiel d'avoir, autant qu'on peut, le nom de l'auteur, il faut examiner si ce nom, lorsqu'il ne se rencontre pas au frontispice du livre, ne se trouve point à l'épître dédicatoire, dans l'approbation, ou même dans le privilége.

Quand on n'aura aucun moyen de découvrir le nom de l'auteur, on copiera le titre ainsi qu'il a été indiqué plus haut, & on soulignera le mot qui spécifie plus particulièrement l'ouvrage. Si c'est un livre d'architecture, on tracera une ligne sous ce mot; si c'est un livre sur le patriotisme, le mot *patriotisme* sera souligné ; si c'est une bible, on soulignera le mot *bible*.

EXEMPLE.

« *Biblia* sacra, Lutetiæ Parisiorum typographiæ regiæ » 1642, 8 vol. in-f°. » On reconnoît, par ce titre, la bible latine imprimée en 1642 à l'imprimerie royale de Paris, en 8 volumes in-folio. (Voyez à la fin, le modèle imprimé, n°. II.)

Si dans l'ouvrage dont on tire le titre, il se trouve des estampes ou des cartes gravées, il faut ajouter ces trois lettres, *fig.* Si les marges sont très-larges, ou plus larges qu'à l'ordinaire, on doit écrire *gr. pap.*, pour indiquer que le livre est en *grand papier.* Enfin si on remarque sur les pages des lignes rouges ou noires, transversales & longitudinales, & y formant comme un cadre, il est à propos d'ajouter ces mots abrégés, *pap. reg.*, c'est-à-dire, papier réglé.

EXEMPLE DES DEUX DERNIERS CAS.

« Monumens de la monarchie françoise, par *Bernard de* » *Montfaucon.* Paris, 1729 & années suivantes, in-f°. *fig.* » *gr. pap. rég.* ». Ces quatre derniers mots abrégés signifient que les gravures qui doivent accompagner cet ouvrage du savant bénédictin, ne manquent pas à l'exemplaire de cette bibliothèque; que les marges en sont plus larges que celles des exemplaires communs; qu'il est, comme on dit, en grand papier : enfin les lettres *rég.* avertissent que cet exemplaire est en papier réglé, ce qui ajoute encore à son prix. (Voyez à la fin, le modèle imprimé, n°. III.)

Les livres qui sont imprimés sur vélin ou parchemin, au lieu de papier, seront indiqués par ces lettres, *vél.* ou *par.*

Dans le cas où le livre seroit imprimé en caractères gothiques, dont on a usé dans le quinzième & seizième siècle, on aura soin d'en faire la mention en ces mots : *car. got.*

Si le livre avoit été relié avec une sorte de recherche & de magnificence, il conviendroit aussi de le marquer. Si, par exemple, la reliure étoit en maroquin rouge, on écriroit *mar. r.*; si elle étoit en maroquin vert ou citron; on mettroit *mar. v.*, *mar. c.*, &c. On abandonne ces derniers détails sur la condition extérieure des livres, à l'intelligence de ceux qui seront employés à ce travail.

Enfin si le livre est incomplet, c'est-à-dire, s'il y a des feuillets arrachés au commencement, au milieu ou à la fin, il faut mettre ces trois lettres, *inc.*; ou s'il manque quelques volumes, au lieu de mettre le nombre de volumes en un seul chifre, on doit mentionner seulement les volumes se trouveront. Ainsi dans l'exemple figuré à la fin pour la carte de la Bible, en 8 vol. in-f^o. de l'imprimerie royale, dans le septième volume il manque quelques feuillets, il faut écrire huit volumes in-f^o., le septième *inc.*, c'est-à-dire, incomplet : si, au contraire, le cinquième & le septième manquent absolument, & sont égarés, il faut mettre en chifres détachés, 1, 2, 3, 4, 6, 8 vol. in-f^o., ce qui indique suffisamment que le cinquième & septième volumes n'y sont pas. Si ce sont les derniers volumes qui manquent, on peut s'énoncer ainsi : *six vol. in-f^o., le reste manque.*

Lorsque les titres de tous les livres auront été copiés sur des cartes, il faudra reprendre ces mêmes cartes pour procéder à une troisième opération, c'est-à-dire, pour les ranger par ordre alphabétique d'après les noms d'auteurs, ou d'après les noms caractéristiques de la matière, lesquels se trouveront soulignés.

On commencera par ranger sur une grande table toutes ces cartes, en autant de tas qu'il y a de lettres dans l'alphabet. Par exemple, si le mot capital de la carte qui se présente est *Biblia*, on place cette carte au tas B; si c'est le mot *Bochart*, on met encore cette carte au tas B; si le mot caractéristique ou souligné de la carte est *Plutarque*, on la dépose au tas P., & ainsi de suite jusqu'à la dernière lettre de l'alphabet.

Cette première division ne suffit pas; il faut reprendre

tous ces tas en particulier, pour y ranger dans un ordre plus régulier chacun des mots qui commencent par la même lettre, & former ce qu'on appelle l'ordre alphabétique intérieur de chacune des lettres. Ainsi sous la lettre A, *Aaron* doit être placé d'abord, *Abano* après, puis *Abdias*, *Abulfeda*, &c. On suit la même marche pour les autres mots de cette première lettre, jusqu'à ce qu'on soit arrivé au dernier mot, par exemple, *Aymon*. Cet ordre, comme on voit, est précisément le même qui s'observe pour disposer les mots d'un lexique ou dictionnaire.

Il ne sera peut-être pas inutile d'avertir ici, que c'est le surnom ou le nom de famille de l'auteur qui doit entrer dans le systême alphabétique, & nullement ses noms de baptême. Il est essentiel, à la vérité, de marquer les noms de baptême, pour distinguer les uns des autres des écrivains qui ont été de la même famille, ou qui ont porté le même nom dans la société, sans être parens; mais ces noms seront placés entre deux parenthèses après le nom de famille, à qui seul il appartient d'avoir rang dans l'ordre alphabétique. Si vous aviez égard au nom de baptême, l'article de *Bochart* ne seroit pas placé au B, mais à la lettre S, puisque le nom de baptême de ce savant est Samuël : il faut donc écrire dans le dictionnaire *Bochart* (Samuël), & non Samuël *Bochart*. D'ailleurs, on peut prendre pour guide Moréri, le dictionnaire de l'Advocat, & voir comment ils ont opéré.

Lorsque le paquet des cartes appartenantes à la lettre A sera arrangé définitivement & de la manière ci-dessus exposée, il faudra percer avec une grosse aiguille enfilée d'un bout de fil ciré, la première carte par le bas à gauche du côté qui est écrit.

Pour que l'écriture ne reçoive aucune atteinte de la piquure de l'aiguille, on aura soin de laisser en blanc la place où doit se faire cette piqûre, en prenant la précaution de la marquer avec la plume par une ligne demi-circulaire tracée à l'angle de la carte, comme on peut le voir plus bas sur le modèle figuré.

Le même modèle indique encore qu'il est nécessaire que celui qui copie les titres, laisse, tant au haut qu'au bas de chaque carte, un espace vuide, dont il fixera les limites par une ligne transversale, afin qu'il ne soit pas exposé à prolonger au-delà l'écriture du titre qu'il transcrit. Si la place comprise entre les deux lignes d'en-haut & d'en-bas ne suffisoit pas pour contenir tout le titre du livre, il faudroit l'achever de l'autre côté : dans ce cas, qu'il est aisé de prévoir, le copiste choisira une carte qui soit peu chargée de peinture, telle qu'un as, un deux, &c.

Il prendra ensuite la seconde carte, & l'enfilera comme la première, & ainsi des autres, jusqu'à la dernière. Il faut laisser le fil un peu lâche, pour qu'il y ait du jeu entre les cartes, & qu'on puisse les écarter les unes des autres, lorsqu'on voudra les consulter. On observera d'arrêter ce fil derrière la dernière carte du paquet, avec assez de soin pour que les cartes ne puissent s'échapper.

Le premier paquet ainsi disposé, on passe au second, puis aux autres successivement, depuis C, D, E, F, jusqu'à Z; tous ces paquets une fois enfilés, le catalogue est achevé ; & pour l'envoyer à Paris, il suffit de faire copier les cartes sur du papier ordinaire, écrivant au haut de chaque page la lettre A tant qu'elle dure, puis le B, puis le C, jusqu'à la fin.

Le catalogue copié sur papier & collationné exactement sur les cartes, restera au district, & les cartes seront envoyées à Paris dans des boëtes bien garnies de toile cirée en-dedans & en-dehors.

Il ne faut pas oublier, avant d'envoyer les cartes, d'ajouter en petits caractères au bas de chacune, sur le blanc qui y aura été réservé, le numéro du département, les trois lettres initiales du nom de la maiſon & celle de l'ordre religieux, ou du titre de cette maiſon : ainſi, pour les religieux Minimes, on écrira *R. M.;* pour les Carmes, *R. Car.;* pour les Capucins, *R. Cap.;* pour les Feuillans, *R. F.;* pour les Chapitres, *Chap.;* pour les Evêchés, *Ev.* &c.

PREMIER EXEMPLE.

La carte d'un livre de la bibliothèque du chapitre de Lyon, département de Rhône & Loire, qui eſt le ſoixante-huitième département, ſera ainſi figurée, ſi le livre eſt ſur vélin.

(On ſuppoſe ce livre portant le fichet 49.)

49. Samuelis *Bocharti* opera. Lugduni Batav. Boutesteyn, 1712, in-f°. 3 vol. vél.

68e, Lyon, Lyon,
Chap. D. L.

Nota. Le blanc réservé en haut de la carte doit rester vuide, pour servir dans le cas où les comités desireroient faire ajouter quelques numéros ou notes.

SECOND EXEMPLE.

Pour les cartes de la bibliothèque des Minimes de Brienne, district de Bar-sur-Aube, département de l'Aube, qui est le neuvième département.

On suppose que le premier livre est la bible de l'imprimerie royale, de 1642, & que cet exemplaire est en grand papier, en papier réglé & couvert de maroquin rouge.

I. *Biblia* sacra. Lut. Paris. Typogr. reg. 1642, 8 vol. in-f°. gra. pap. rég. mar r.

9e, Bar, Bri,
R. M.

TROISIÈME EXEMPLE.

La carte d'un livre portant le n°. 310, de la bibliothèque des Génovéfains d'Ennemont, paroisse de Saint-Léger, district de Saint-Germain-en-Laye, département de Seine & Oise, qui est le soixante-douzième département, se trouvera, selon le modèle ci-dessous, si le livre est avec figures, en grand papier, réglé & couvert de maroquin vert.

310. Monumens de la monarchie françoise, par Bernard de *Montfaucon*. Paris, 1729 & années suivantes, in-f°. 5 vol. fig. gra. pap. rég. mar. vert.

72e St-Germain, St-Léger, Gen.

Il est encore une autre opération que ceux qui seront commis par les directoires à la confection des catalogues des bibliothèques, feront bien de mettre en usage, sur-tout si elles sont un peu nombreuses. On leur conseille d'attacher sur les tablettes des livres, de centaine en centaine, des étiquettes qui porteront en gros caractères les nombres 100, 200, 300 indicatifs des numéros des livres renfermés dans cette même tablette; ces écriteaux peuvent être faits sur des cartes qu'on fixe au bord de la tablette, avec une petite pointe, ou même sur une bande de papier qu'on y arrête avec du pain à cacheter; ils sont très-commodes pour faire trouver sur-le-champ le livre dont on a besoin : par exemple, je veux avoir les fables de La Fontaine, marquées sur la carte 9451; pour les trouver, il faut que je cherche le livre dont le fichet porte aussi le même numéro : cette recherche exigeroit de moi un certain temps; je serois obligé de suivre, en tâtonnant, la série numérique des fichets, jusqu'à ce que je fusse arrivé au livre que je desire me procurer; au lieu que par le secours des écriteaux centenaires, l'œil me conduit tout-à-coup vers 9000, d'où je passe aussitôt à 9400. Je suis assuré que je trouverai les fables de La Fontaine, ou le livre garni du fichet 9451, après 9400, & avant 9500 : je cherche entre ces deux nombres; & comme 451 tient le milieu entre 400 & 500, je m'arrête vers ce milieu, & je mets sans peine la main sur le livre que je poursuis. Ce moyen est, comme il est aisé de le concevoir, très-expéditif, & en même temps il fait voir que la méthode proposée dans cette instruction peut être employée avec succès pour le service d'une très-grande bibliothèque où régneroit le plus grand désordre, c'est-à-dire, où les livres, sur une même matière, feroient dispersés confusément les uns d'un côté, les autres d'un autre; c'est pourquoi on a recommandé aux personnes qui seront chargées de dresser les catalogues, de se dispenser de réformer le désordre qu'elles pourroient remarquer dans les bibliothèques où elles seroient appelées,

& d'y laiſſer chaque livre à la place où elles le trouveroient. Le ſeul arrangement dont elles doivent s'occuper, eſt de rapprocher les uns des autres les volumes d'un même ouvrage qui ſeroient épars dans la bibliothèque.

Quant aux manuſcrits ou livres écrits à la main, on en placera le catalogue à la ſuite de celui des livres imprimés. Il ſeroit ſans doute à deſirer qu'il ſe trouvât ſur les lieux des perſonnes en état de déterminer le ſiècle où chaque manuſcrit auroit été écrit; mais comme il eſt rare d'en rencontrer qui aient cette connoiſſance, il ſuffira d'indiquer ſi l'écriture du manuſcrit eſt ancienne ou moderne, ſi elle eſt nette & régulière, ou ſi les caractères en ſont diformes & difficiles à lire; s'il eſt ſur vélin ou ſur papier; ſi c'eſt un grand ou petit in-f°, un grand ou petit in-4°., &c.; quelle eſt la matière qui y eſt traitée; s'il eſt écrit en grec ou en latin, en françois ou en italien &c.; ſi chaque page contient une, deux ou pluſieurs colonnes d'écriture, & ſi chaque ligne eſt appuyée ſur une barre tirée au ſtilet : ſi le nom de l'auteur s'y trouve, il ne faut pas l'omettre; ſouvent le copiſte marque à la fin, l'année, le mois & les jours où il a terminé ſon travail : on ne doit pas oublier cette circonſtance, elle eſt précieuſe, puiſqu'elle fait connoître ſans équivoque l'âge du manuſcrit.

Quelquefois un même manuſcrit renferme pluſieurs ouvrages très-diſparates; il eſt néceſſaire de les indiquer tous ſur la même carte avec le nom de leur auteur, ſi on l'y découvre : on ne doit pas non plus négliger d'avertir ſi le manuſcrit eſt orné de peintures ou de miniatures; ſi elles ſont belles & bien deſſinées; ſi le volume eſt bien conſervé, & ſi les grandes lettres du commencement des chapitres ſont peintes en or & en couleur, & bien fraîches.

Enfin ſi les détails du manuſcrit contiennent plus de lignes qu'une carte ne peut en renfermer, on peut ſubſtituer à la carte, des quarrés en fort papier d'une grandeur ſuffiſante, qui ſeroient enfilés de la même manière & dans le même ordre que les cartes, & avec elles, ou tous enſemble ſi tous les manuſcrits exigent ces quarrés de papier.

Nota. Il eſt preſque inutile d'obſerver, tant pour les imprimés que pour les manuſcrits, que s'il ne ſe trouve pas ſuffiſamment de cartes à jouer dans le lieu où on fait ce travail, on peut y ſuppléer par des morceaux de papier fort, taillés également; mais les cartes ſont préférables.

Aux Comités réunis d'Adminiſtration Eccléſiaſtique & d'Aliénation des biens nationaux. A Paris, ce 15 *Mai* 1791.

MASSIEU, *Préſident du Comité Eccléſiaſtique;* DESPATY DE COURTEILLES, *Secrétaire :* DE LA ROCHEFOUCAULD, *Préſident du Comité d'Aliénation;* POUGEARD DU LIMBERT, *Secrétaire.*

NOTICE DE LIVRES,

PROVENANTS DU CABINET DU C. LAFONT-POULOTI,

Principalement sur l'Art militaire, l'Équitation ou le Manége, la Cavalerie, les Haras, l'Art vétérinaire, &c.

Dont la Vente se fera les 1er. & 2e. Brumaire, à 5 heures précises de relevée, en l'une des Salles de la maison Bullion, rue J. J. Rousseau.

---

1 NOVUM testamentum. *Paris. I. R.* 1649. 2 vol. in-12.
2 Biblia sacra. *Paris. Vitré.* 1652. 12 vol. in-12.
3 Le Nouveau Testament, par Amelotte. *Lyon*, 1760. 2 vol. in-12.
4 Panégyriques & sermons, par Delarue, *Paris*, 1740. 3 vol. in-12.
5 Sermons & discours, par le Chapelain *Paris*, 1768. 6 vol. in-12.
6 Essais sur la religion des anciens Grecs. *Geneve*, 1787. 2 tom. en 1 vol. in-8. 6#
7 Institutions politiques, par Bielfeld. *Paris*, 1762. 4 vol. in-12.
8 Le droit public de l'Europe par Mably. *La Haye*, 1746. 2 vol. in-12.
9 La scelta della moglie, opera di F. Barbaro. *Vercelli*, 1778. in-12. 2#
10 Lettres cabalistiques par Dargens. *La Haye*, 1741. 6 vol. in-12. *manque le tome* 1.
11 Théâtre critique Espagnol, ou discours sur toutes sortes de matieres, par D. B. Feijoo. *Paris*, 1746. 4 v. in-12.
12 T. Lucretii Cari de rerum natura, libri VI, cum comment. Lambini. *Lutetiæ*, *I. R.* 1670. in-4.
13 Histoire naturelle de Pline, trad. en françois par A. Dupinet. *Lyon*, 1580. 2 vol. in-fol.
14 I quadrupedi di Sardegna. 1774. — Appendice à la mede-

sima. 1777. — Gli uccelli. 1776. — Anfibj e pesci, di F. Ceti. *Sassari*, 1777. 3 vol. in-8. fig.

15 Essais philosophiques sur les mœurs de divers animaux étrangers, par Fouché d'Opsonville. *Paris*, 1783. in-8. fig.

16 Bibliothèque choisie de Medecine, par Planque & Goulin. *Paris*, 1748. 4 vol. in-4.

17 Hippocratis opera, græce & latine ex recensione A. C. Lorry. *Parisiis*, 1759. in-16. v. f. d. s. t. fil.

18 M. Stoll ratio medendi. *Viennæ*, 1777. 3 vol. in-8.

19 Saggi intorno alla preservazione, e cura dell' umana salute, del F. Baldini. *Napoli*, 1787. 5 vol. in-8.

20 P. Alpini de præsagienda vita & morte ægrotantium edit. H. D. Gaubio. *Lugd. Batavorum*, 1733. in-4.

21 Observations pratiques, sur les maladies vénériennes, trad. de l'anglois, de Svédiaur, par Gibelin. *Paris*, 1785. — Nouvelle méthode de traiter les maladies vénériennes par la fumigation, par P. Lalouette. *Paris*, 1786, 2 vol. in-8.

22 Gymnastique médicinale & chirurgicale, par Tissot. *Paris*, 1780. in-12.

23 Les exercices du corps chez les anciens, par Sabbatier. *Paris*, 1772. 2 vol. in-12.

24 Dictionnaire raisonné, universel, de matiere médicale, par Labeyrie & Goulin. *Paris*, 1773. 4 vol. in-8. *& le tome 2 des figures.*

25 Diction. botanique & pharmaceutique. *Paris*, 1768. in-8.

25 *bis*. Pharmacopée de Lemery. *Paris*, 1697. in-4.

26 Dictionnaire de chymie, par Macquer. *Paris*, 1778. 4 v. pet. in-8.

27 Elémens de docimastique, de Cramer, trad. du latin, par de Villers. *Paris*, 1773. 4 vol. in-12.

28 R. A. Vogel institutiones chemiæ. *Lipsiæ*, 1762 in-8. v.

29 Instituts de chymie de J. R. Spielmann, traduits du latin par Cadet. *Paris*, 1770. 2 vol. in-12.

30 J. B. Duhamel de meteoris & fossilibus. — Ejusdem astronomica phisica. *Paris.* 1660. 2 tom. en un v. in-4.

31 C. M. Adolphi, tractatus de Fontibus quibusdam soteriis. *Lipsiæ*, 1733. petit in-8. v.

32 Lexicon alchemiæ sive dictionarium alchemisticum, auctore M. Rulando. *Francofurti*, 1612. in-4. v. fil.

33 Speculum lapidum C. Leonardi; cui accessit sympathia septem metallorum ac septem selectornm lapidum ad plantas, D. P. Arlensis. *Paris.* 1610. — Magia astrologica, clavis symphatiæ, auct. P. C. A. Villanovensis. *Paris.* 1611. in-8.

34 Elemens d'astronomie, par Cassini. — Tables Astronomiques, par le même. *Paris*, 1740. 2 vol. in-4.

35 Propheties perpétuelles, de Th. J. Moult. *Paris*, 1741. in-8.

36 Compendium elementorum Matheseos universæ à C. Wolffio. *Lausanæ*, 1753. 2 vol. in-12. fig.

37 Cours de Mathématiques, par Camus. *Paris*, 1755. 4 vol. in-8.

38 Dictionnaire de Marine & d'Architecture navale. *Amst.* 1736. in-4. fig.

39 Dictionnaire raisonné universel des arts & metiers, par Jaubert. *Paris*, 1773. 5 vol. pet. in-8. v.

40 Encyclopedie ou dictionnaire raisonné des sciences, des arts & des métiers, par Diderot & Dalembert. *Geneve*, 1777. 45 vol. in-4. v.

41 Histoire de la Milice françoise, par Daniel. *Amsterdam*. 1724. 2 vol. in-4. fig.

42 Origine de Cavalieri di F. Sansovino. *Venezia*, 1566. in-12.

43 Mémoires sur l'ancienne chevalerie considerée comme établissement politique & militaire, par de la Curne de Ste. Palaye. *Paris*, *I. R.* 1753. in-4. v.

44 Elémens de l'art militaire, par d'Héricourt. *Paris*, 1756. 6 vol. in-12.

45 Essai général de Tactique. *Lond.* 1773. 2 vol. in-4. fig.

46 Traité élémentaire de Tactique, par Sinclaire. *Deux-Ponts*, 1773. 3 vol. in-8.

47 L'art de la guerre pratique, par Ray de Saint Geniès. *Paris*, 1754. 2 vol. in-12.

48 Observations militaires, par de Boussanelle. *Paris*, 1761. in-8.

49 Préjugés militaires, par un Officier Autrichien (le P. de Ligne) à *Kralovelhota*, 1780. 2 tom. en un vol. in-8. fig.

50 Le mareschal de Bataille, par de Lostelneau, *Paris*, 1647. in-fol. fig.

51 Le Mareschal des Logis, par D. de Solemne. *La Haye*, 1632. in-fol. fig.

52 Examen critique du militaire francois, par de Bohan. *Geneve*, 1781. 3 vol. in-8. fig.

53 Réglement concernant l'exercice de l'Infanterie. *Paris*, 1792. 2 vol. in-8. *dont un de planches.*

54 Ordonnances du Roi d'Espagne sur la discipline de l'infanterie & de la cavalerie. *Madrid*, 1728. 2 vol. in-12. — Réglement pour la cavalerie & l'infanterie Espagnole. *Palerme*, 1707. in-12. *en espagnol.*

55 Observations sur les commentaires de Folard, & sur la cavalerie, par de Brézé. *Turin*, 1772. 2 vol. in-8. fig.

56 Elemens de Tactique pour la cavalerie, par Mottin de la Balme. *Paris*, 1776. in-8. fig.

57 Institutions militaires pour la cavalerie, par de la Porterie. *Paris*, 1754. in-8. fig.

58 Reglement pour la cavalerie Prussienne, trad. de l'allemand par de Sainclaire. *Francfort*. 1762. — Maximes de guerre, de Kevenhüller. trad. de l'allemand par le même. *Deux-Ponts*, 1771. 2 vol. in-12.

59 Tableau général de la cavalerie grecque, par Joly de Maizeroy. *Paris*, *I. R.* 1780. in-4.

60 Essais sur la cavalerie, tant ancienne que moderne, par Dautheville. *Paris*, 1756. in-4.

61 Ordini di cavalcare dal F. Grisone. 1569. in-12. fig.

62 Il Cavallerizzo di C. Corte. *Venezia*, 1573. in-8.

63 La Gloria del Cavallo del Pasq. Caracciolo. *Venetia*, 1585. in-4.

64 Le Cavalerice françois, par S. Delabroue. *Paris*, 1602. in-fol. fig. mar. r. d. f. t. fil.

65 Reglas militares del Lud. Melzo sobre el govierno y servicio della cavalleria. *Milano*, 1619. in-fol. fig. — Le même. *Anversa*, 1611. in-fol. fig.

66 La Cavalerie françoise & italienne, par P. Delanoue. *Lyon*, 1620. in-4. fig.

67 Art militaire, à Cheval, par J. J. de Walhausen. *Zutphen*, 1721. in-fol. fig.

68 L'essercitio della Cavalleria del Flam. della Croce *Anversa.* 1625. in-fol. fig.

69 Perfette regole & modi di cavalcare di Lor. Palmieri. *Venetia*, 1625. in-fol. fig.

70 Instruction en l'exercice de monter à cheval, par A. de Pluvinel. *Paris*, 1629. in-fol. fig.

71 La perfettione del cavallo di F. Liberati. *Roma*, 1639. in-4.

72 Il Cavallo da maneggio di G. B. di Galiberto. *Vienna d'Austriæ*, 1650. in-fol. fig.

73 L'Escuyer françois, qui enseigne à monter à cheval, à voltiger &c. par L. Imbotti de Beaumont. *Paris*, 1682. in-8. fig.

74 L'art de monter à cheval, par Delcampe. *Paris*, 1690. — Traité des remédes les plus nécessaires aux chevaux, par de Beaureper. *Paris*, 1691. 2 tom. en un vol. in-12. fig.

75 L'Art de monter à cheval, par d'Eisenberg. *La Haye*, 1733. in-fol. fig. obl.

76 Le nouveau Newcastle ou nouveau traité de cavalerie, par Bourgelat. *Lausanne*, 1744. in-8.

77 Manuel des Ecuyers, par Carbon de Bégrieres. *Paris*, 1751. in-8.

78 Manuel du cavalier, par Lalive de Suffi. *Paris*, 1752. in-12. fig.

79 L'art de la cavalerie, par G. de Saunier. *Paris*, 1756. in-fol. fig.

80 Recherches sur l'époque de l'équitation & de l'usage des chars équestres, par G. Fabricy. *Marseille*, 1764. 2 vol. in-8.

81 Le parfait Ecuyer, militaire & de campagne, par A. de Weyrhoter. *Bruxelles*, 1767. 2 vol. in-8.

82 Pratique de l'Equitation, par Dupaty de Clam. *Paris*, 1769. in-12.

83 Essais sur l'Equitation, par Mottin de la Balme. *Paris*, 1773. in-12.

84 L'art du Manege, par de Sind. *Vienne*, 1774. in-8. fig.

85 Traité d'Equitation, par Montfaucon de Rogles. *Paris*. *I. R.* 1778. in-4.

86 Traité d'Equitation, par Thiroux. *Paris*, 1780. 3 vol. in-12. fig.

87 Equitation militaire, trad. de l'anglois de M. Pembrock, par B. de Frouville. *Paris*, 1784. in-8. fig.

88 Principes de Cavalerie, par de Boisdeffre. *Paris*, *Didot*, 1788. in-12.

89 Recueil d'Opuscules sur l'équitation, par Levaillant de S. Denis. *Versailles*, 1789. in-8. fig.

90 Philippica ou Haras de chevaux, de J. Tacquet. *Anvers*, 1614. in-4. fig.

91 Traité sur les chevaux & sur les haras, par Q. Calloet. *Paris*, 1666 in-4. fig. *manque le titre*.

92 Réglement & instructions touchant l'administration des haras du royaume. *Paris*, *I. R.* 1724. in-4.

93 Essais sur les haras. — Connoissance extérieure du Cheval. — L'art d'emboucher les chevaux &c. Par de Brézé. *Turin*, 1769. in-8. fig.

94 Saggio sopra le razze di cavalli, per le medes. *Torino*, 1770. in-12. fig.

95 Mémoire sur les haras, par le Boucher du Crosco. *Utrecht*, 1771. in-8.

96 Trattato delle razze di cavalli di G. Brugnone. *Torino*, 1781. in-8. fig.

97 Education du cheval en Europe, par de Préseaux de Dompierre. *Paris*, 1788. in-8. *carte coloriée*.

98 Nouveau régime pour les haras, avec la notice de tous les ouvrages écrits ou traduits en françois, relatifs à cet objet, par Lafont-Pouloti. *Paris*, 1787. in-8. fig. — De la régénération des haras, par le même. *Paris*, 1789. in-8. — Mémoire sur les courses de chevaux & de chars en France, par le même. *Paris*, 1791. in-8.

99 Traité des haras & des mulets, trad. de l'allemand de Hartmann, publié par Huzard. *Paris*, 1788. in-8. fig.

100 Traité de la maniere de bien embrider, manier, & ferrer les chevaux, trad. de l'italien de C. Fiaſchi. *Paris*, 1564. in-4. fig.

101 Cavallo frenato di P. A. Ferraro. *Napoli*, 1602. in-f. fig.

102 La mareſchalerie de L. Ruſé, *Paris*, 1610. in-4. fig.

103 Le mareſchal méthodique, par de la Beſſée. *Paris*, 1678. in-8.

104 Trattato di A. Dandolo ſopra la qualita del buon cavallo. *Padoua*, 1722. in-4.

105 La parfaite connoiſſance des chevaux, par J. & G. de Saunier. *La Haye*, 1734 in-fol. fig.

106 La connoiſſance parfaite des chevaux. — Dictionnaire des termes du manége, par Liger. *Paris*, 1741 in-8. fig.

107 Le parfait cocher, par Desbois. *Paris*, 1744. in-12.

108 Elemens d'hippiatrique, par Bourgelat. *Lyon*, 1750. 3 vol. in-8. fig.

109 Ecole de cavalerie, par de la Guériniere. *Paris*, 1751. in-fol. fig.

110 Le parfait maréchal, par de Solleyſel. *Paris*, 1754. in-4. fig.

111 Le gentilhomme maréchal, trad. de l'anglois de Bartelet, par Dupuy Demportes. *Paris*, 1756. 2 v. in-12. fig.

112 Traité de la connoiſſance extérieure des chevaux & expériences ſur l'épéronnerie & la ſellerie, par Fauvry. *Paris*, 1767. in-12.

113 Guide du maréchal, par Lafoſſe. *Paris*, 1767. in-8. fig.

114 Le nouveau parfait maréchal, par de Garſault. *Paris*, 1770. in-4. fig.

115 La maſcalcia o ſia la medecina veterinaria ridotta ai ſuoi veri principi, da G. Brugnone. *Torino*, 1774. in-8. fig.

116 Dictionnaire d'hippiatrique, cavalerie, manége & maréchalerie, par Lafoſſe. *Paris*, 1776. 4 tom. en 2 v. in-8.

117 Mémoire artificielle des principes relatifs à la repréſentation des animaux, par Goiffon & Vincent. *Alfort*, 1779. 3 tom. en 2 vol. in-fol. fig.

118 Elemens de l'art vétérinaire ; traité de la conformation extérieure du cheval, &c. *Paris*, 1785. — Eſſais ſur les appareils & bandages propres aux quadrupédes, *Paris*, *I. R.* 1770. — Précis anatomique du corps du cheval, par Bourgelat. *Paris*, 1793. 4 vol. in-8. fig.

119 Iſtituzioni di maſcalcia opera del F. Bonſi. *Rimino*, 1786. 2 vol. in-8. fig. col. — Il dillettante di cavàlli iſtruito del F. Bonſi. *Venetia*, 1757. — Compendio ippoſteologico da G. A. Venturini. *Venetia*, 1757. in-8.

120 Trattato delle malattie esterne del cavallo di F. Toggia. *Vercelli*, 1786. — Memoria sulla moltiplicazione della specia bovina. *Vercelli*, 1787. 3 vol. in-8.

121 Instructions & observations sur les maladies des animaux domestiques, par Chabert, Flandrin & Huzard. années 1790, 1791 & 1792. *Paris*, 3 vol. in-8. fig.

122 Novello giardino di G. B. Trutta, si tratta della generazione del Cavallo, Bovi, Vitelli, Api, &c. *Napoli*, 1785. in-4. fig.

123 Avis au peuple sur l'amélioration de ses terres, & la santé de ses bestiaux, par de la Font. *Avignon*, 1775. 2 vol. in-12.

124 Observations sur plusieurs maladies de bestiaux. par Tessier. *Paris*, 1782. in-8. fig.

125 65 vol. in-8. & in-12. sur l'art militaire, la cavalerie, le manége, l'art vétérinaire, &c. *ils seront detaillés.*

126 Dictionnaire de Trévoux. *Paris*, 1752. 7 vol. in-fol.

127 Le grand Vocabulaire françois, par une société de gens de lettres. *Paris*, 1767. 30 vol. in-4.

128 Les Georgiques de Virgile, par Delille. *Paris*, 1770. in-8 fig.

129 Les bains de Diane, par Desf..... *Paris*, 1770. in-8. fig.

130 Les dons des enfans de Latone, la musique & la chasse du cerf, par de Serrey. *Paris*, 1734. in-8. fig.

131 La Peinture, par Lemierre. *Paris*, in-4. fig.

132 La Marcia, commedia del F. Marucchi. *Parma*, *I. R.* 1773. in-4. — Il Prigioniero, commedia del F. Capacelli. *Parma*, *I. R.* 1778. in-8. — La Faustina, commedia del D. N. Signorelli. *Parma*, *I. R.* 1778. in-8.

133 Teatro Italiano del secolo decimottavo. *Firense*, 1784. 6 vol. in-8.

134 Recueil d'épitaphes, par D. L. D. *Bruxelles*, 1782. 3 vol. in-12.

135 Les lettres de Buffi Rabutin. *Paris*, 1737. 7 vol. in-12.

136 Voyage dans la mer du Nord, par de Kerguelen Trémarec. *Amsterdam*, 1772. in-4. fig.

137 Voyages intéressans dans différentes colonies françoises, espagnoles, angloises &c. par Nougaret. *Paris*, 1788. in-8.

138 Principes de l'histoire, par Lenglet du Fresnoy. *Paris*, 1752. 6 vol. in-12.

139 Abrégé de l'histoire universelle en figures dessinées & gravées par les meilleurs artistes, par Vauvilliers. — Histoire sacrée. *Paris*, *Didot*. 1789. 8 cahiers in-8.

140 Histoire des Celtes, des Gaulois & des Germains, par Pelloutier. *Paris*, 1770. 8 vol. in-12.

141 Hiſtoire générale des conjurations, par Duport-Dutertre. *Paris*, 1762. 10 vol. in-12.

142 Hiſtoire de France, repréſentée par figures accompagnées de diſcours, par David & Guyot. *Paris*, 21 Livraiſons in-4.

143 Hiſtoire du patriotiſme françois, par Roſſel. *Paris*, 1769. 6 vol. in-12.

144 Mémoires de Commines publiés, par Godefroy. *Bruxelles*, 1723. 5 vol. in-8.

145 Hiſtoire de Louis XIV, par Reboulet. *Avignon*, 1746. 9 vol. in-12. fig.

146 Mémoires de Montreſor. *Cologne*, 1723. 2 vol. in-12.

147 Etat politique de la province de Dauphiné, par N. Chorier. *Grenoble*, 1671. — Supplément au même. *Grenoble*, 1672. — Hiſtoire abrégée du Dauphiné, par le même. *Grenoble*, 1674. 6 vol. in-12.

148 Traité en forme d'abrégé de l'hiſtoire d'Aquitaine, Guyenne & Gaſcogne, par P. Louvet. *Bordeaux*, 1659. in-4.

149 Les hommes illuſtres de la marine françoiſe, par Graincourt. *Paris*, 1780. 10 cahiers in-4. fig.

150 Les ligues Achéenne, Suiſſe & Hollandoiſe; & révolution des Etats-Unis de l'Amérique, comparées enſemble, par de Mayer. *Paris*, 1787. 2 vol. in-12.

151 Mémoires pour ſervir à l'hiſtoire ancienne de la Suiſſe, par Loys de Bochat. *Lauſanne*. 1747. — Les privilèges des Suiſſes & des Genevois réſidens en France. *Paris*, 1751. 4 vol. in-4.

152 Dictionnaire de Moreri. *Paris*, 1725. 10 vol. in-fol.

Nota. *On Vendra au commencement des Vacations des Livres qui ne ſont pas ſur la Notice. On ſuivra l'ordre du Catalogue.*

Cette Notice ſe diſtribue,

A PARIS,

Dans la Librairie Vétérinaire de J. B. HUZARD, rue Mont-Marat, cour de la Juſſienne, n°. 38, & au Palais de Juſtice, Salle ci-devant Dauphine, n°s. 1 & 2.

AN III.

www.ingramcontent.com/pod-product-compliance
Lightning Source LLC
Chambersburg PA
CBHW070932280326
41934CB00009B/1838
9782012528345